生态产品价值实现

浙江省"两山合作社"的探索与实践

汪境成◎著

图书在版编目（CIP）数据

生态产品价值实现 ：浙江省"两山合作社"的探索
与实践 / 汪境成著. -- 杭州 ：浙江大学出版社，2025.
6. -- ISBN 978-7-308-26412-9

Ⅰ. F127.55

中国国家版本馆CIP数据核字第2025Q56S19号

生态产品价值实现：浙江省"两山合作社"的探索与实践
SHENGTAI CHANPIN JIAZHI SHIXIAN : ZHEJIANG SHENG LIANGSHAN
HEZUOSHE DE TANSUO YU SHIJIAN

汪境成　著

责任编辑	吴沈涛
责任校对	陈　欣
封面设计	仙境设计
出版发行	浙江大学出版社
	（杭州市天目山路148号　邮政编码310007）
	（网址：http://www.zjupress.com）
排　　版	杭州林智广告有限公司
印　　刷	杭州钱江彩色印务有限公司
开　　本	880mm×1230mm　1/32
印　　张	7.375
字　　数	119千
版 印 次	2025年6月第1版　2025年6月第1次印刷
书　　号	ISBN 978-7-308-26412-9
定　　价	68.00元

前　言

生态兴则文明兴，生态衰则文明衰。人类文明的发展史，本质上是一部人与自然关系的演变史。工业革命以来，人类在创造巨大物质财富的同时，也付出了沉重的生态环境代价。全球气候变化、生物多样性锐减、环境污染加剧等问题日益严峻，传统的发展模式已难以为继。如何破解生态保护与经济发展的"两难"困境，实现人与自然和谐共生的现代化，成为 21 世纪人类面临的重大课题。

作为世界上最大的发展中国家，中国在快速工业化、城镇化进程中同样面临生态环境保护的严峻挑战。长期以来，中国的广袤乡村拥有丰富的生态资源，却常因缺乏系统性的价值识别与实现机制，处于"守着绿水青山过穷日子"的尴尬状态。生态资源零散分布、产权模糊、缺乏评估与交易机制，使得生态价值难以转化为真正的经济收益。在城乡发展不平衡、区域发展不协调的语境下，这种"生态富集却经济贫困"的现象尤为普遍，成为中国在实现高质量发展过程中亟待破解的一道难题。

党的十八大以来，以习近平同志为核心的党中央将生态文明建设纳入"五位一体"总体布局，在"绿水青山就是金山银山"这一重要理念的指导下，中国积极探索生态产品价值实现机制，努力打通"绿水青山"向"金山银山"转化的制度通道，推动经济社会发展的全面绿色转型。

然而，生态产品价值实现是一项复杂的系统工程，在实践中面临诸多挑战：如何解决生态产品"难度量、难抵押、难交易、难变现"的难题？自然资源资产产权不清、流转不畅的困境如何突破？如何平衡生态保护者与受益者利益？绿色金融支持不足的瓶颈如何突破？……这些问题既是理论研究的难点，也是实践探索的重点。

作为"两山"理念的发源地，浙江省在生态产品价值实现机制领域的积极探索，为回答这些问题提供了丰富的案例和经验。在浙江省内，不同地区的"两山合作社"以各具特色的实践回应着同一个时代命题：如何在坚守生态底线的前提下实现发展动力的内生转化。这些实践表明，在中国广袤的生态空间中，蕴藏着尚未完全释放的发展潜能，而"两山合作社"这种兼具"集体性、市场性与治理性"的组织形态，恰是激活这种潜能的钥匙。与传统的行政主导型组织不同，"两山合作社"基于合作经济的模式，将政府、村集体、村民以及市场等多元主体紧密联系起来，围绕生态资源进行一系列系统性操作，包括权属的明确、资产的评估、集中的运营管理、价值的提升以及成果的共享。它既是生态资产运营的平台，也是利益联结机制的中枢；既是绿色产业发展的载体，也是基层民主治理的新路径。

在实践中，"两山合作社"这种新型组织带来了显著的变化：一方面，分散的生态资源被重新整合，村庄不再是"资源零件"的拼图，而成为整体性生态功能单元；另一方面，村民从"被动接受者"转变为"主动参与者"，不再只是生态保护的执行者，而是生态价值创造的共同体成员。这种身份的变化，不仅推动了基层治理结构的深层转型，也激活了沉寂多年的乡村经济细胞。

这本书正是在上述背景下展开写作的。笔者以"生态产品价值实现机制"为理论基础，以浙江省"两山合作社"的探索与实践为主线，对"两山合作社"的起源背景、组织机制、运行逻辑、发展成效与问题挑战进行了全面梳理和深度剖析，不仅展现生态产品价值实现这一复杂命题在基层的中国式解法，也为全国范围内探索绿色发展路径提供具体可行的经验样本。

全书内容安排如下。

第一章"生态产品价值实现的时代命题"从全球视野与中国实践的双重视角，分析了生态产品价值实现的背景与意义。本章指出，生态产品价值实现是在全球生态环境治理格局深刻调整与中国生态文明建设深入推进的双重背景下展开的，既是回应全球可持续发展的必然选择，也是推动中国经济高质量发展的内在要求。在此基础上，本章对生态产品的概念内涵、分类体系及生态产品价值实现的内涵与特征进行了阐述，为全书提供了理论基础和分析框架。

第二章"浙江省'两山合作社'的发展概况"详细阐述了浙江省"两山合作社"的诞生背景、概念演变、发展历程、目标定位、组织架构和运作机制，全面剖析了这一生态资源经营管理平台的内在逻辑与运行规律。

第三章"衢州市的创新探索与实践"和第四章"省内其他地区的创新探索与实践"通过丰富的案例，展示了浙江省内不同地区"两山合作社"的差异化发展路径。这些案例生动诠释了"生态产业化"与"产业生态化"的多元路径，揭示了生态产品价值实现机制的底层逻辑和实践智慧。

第五章"实践成效与多维价值"从生态效应、经济效应、社会效应、文化效应四个维度，系统评估了浙江省"两山合作社"的综合影响。实践表明，"两山合作社"不仅改善了生态环境，优化了产业结构，增加了农民收入，还创新了乡村治理模式，培育了生态文明价值观，为乡村振兴和共同富裕注入了新动能。

第六章"面临的问题与挑战"客观分析了"两山合作社"在发展过程中存在的问题，包括产权界定与流转面临困境、绿色金融支持不足、专业人才匮乏、市场运营能力薄弱等。这些问题既是实践中的难点，也是未来改革的重点。

第七章"站在新时代的起点上：未来发展路径及展

望"基于前文分析，提出了"两山合作社"的战略定位升级方向。笔者认为，未来"两山合作社"需要在数字技术赋能、绿色金融创新、跨区域协作等方面持续突破，构建更加完善的生态产品价值实现体系。

生态文明建设是一项长期事业，既需要制度与文化的共同浸润，也需要无数像"两山合作社"这样的实践创新持续发力。笔者希望，这本书能够为政策制定者提供有力的实证支撑，为学术界提供新的研究素材，也为广大基层干部与生态从业者提供实践借鉴。

目 录

C O N T E N T S

第一章

生态产品价值实现的时代命题

生态产品价值实现既是新时代生态文明建设的重要内容，也是推动绿色发展的关键机制。在全球生态环境治理格局深刻调整、中国生态文明建设深入推进的背景下，生态产品价值实现机制成为破解"绿水青山"转化为"金山银山"制度性障碍的核心抓手。作为全书开篇，本章将系统阐述生态产品价值实现的时代背景、概念内涵、实现路径及现实意义，为理解"两山合作社"这一实践创新提供理论基础和分析框架。

第一节　生态产品价值实现的全球视野与中国实践

　　生态产品价值实现机制的构建与完善，是在全球生态环境治理格局深刻变革与中国生态文明建设深入推进的双重背景下展开的。当前，人类社会发展面临资源约束趋紧、环境污染严重、生态系统退化等严峻挑战，以牺牲环境为代价的粗放型发展模式已难以为继。国际社会对生态保护的共识不断增强，各国积极探索将自然资本纳入国民经济核算体系的可行路径，生态产品价值实现成为全球可持续发展的重要议题。与此同时，作为世界上最大的发展中国家，中国在快速工业化、城镇化进程中积累的生态环境问题日益凸显，如何平衡经济发展与生态保护的关系，成为国家治理现代化面临的重大课题。在此背景下，建立健全生态产品价值实现机制，不仅是对全球生态环境治理的积极响应，更是破解中国自身发展难题的关键举措，具有深远的战略意义。

一、全球生态环境治理的新趋势

21 世纪以来，全球生态环境治理呈现出从单一污染控制向生态系统整体保护、从末端治理向源头预防、从政府主导向多元共治的深刻转变。随着《生物多样性公约》《联合国气候变化框架公约》等国际环境协议的深入实施，生态系统服务付费、自然资本核算等创新机制在全球范围内得到广泛应用，为各国评估生态系统服务价值提供了方法论指导。国际实践表明，量化生态价值、实现生态补偿已成为全球生态环境治理的主流方向。

在全球气候变暖、生物多样性丧失等环境危机加剧的背景下，建立科学的生态产品价值核算体系和完善的市场交易机制，成为国际社会破解生态保护与经济发展矛盾的关键路径。作为全球生态文明建设的重要参与者、贡献者、引领者，中国在生态产品价值实现领域的探索，不仅关乎自身可持续发展，也为全球生态环境治理提供了中国智慧和中国方案。

二、中国生态文明建设的制度创新

中国生态文明建设经历了从理念萌芽到制度成熟的发展历程。改革开放初期，环境保护主要依靠行政命令和控制手段；20世纪90年代后，逐步引入市场化环境政策工具；进入21世纪，特别是党的十八大以来，生态文明建设被纳入"五位一体"总体布局，生态产品价值实现机制成为制度创新的重要方向。2015年发布的《生态文明体制改革总体方案》提出"树立自然价值和自然资本的理念，自然生态是有价值的，保护自然就是增值自然价值和自然资本的过程，就是保护和发展生产力，就应得到合理回报和经济补偿"；2017年，党的十九大报告强调"现代化是人与自然和谐共生的现代化，既要创造更多物质财富和精神财富以满足人民日益增长的美好生活需要，也要提供更多优质生态产品以满足人民日益增长的优美生态环境需要"。

2021年4月，中共中央办公厅、国务院办公厅印发《关于建立健全生态产品价值实现机制的意见》。文件明确了建立健全生态产品价值实现机制的总体要求、主要任务和保障措施，提出到 2025 年初步形成生态产品价值实现的制度框架，到 2035 年全面建立完善的生态产品价值实现机制。这份文件的内容体现了中国共产党对经济社会发展规律的深刻把握，为破解生态保护与经济发展"两难"困境提供了制度性解决方案。

三、绿色发展与共同富裕的双重诉求

生态产品价值实现机制的构建，还源于中国推动绿色发展与实现共同富裕的时代要求。一方面，传统高耗能、高污染的发展模式已不可持续，必须转向创新驱动、绿色低碳的高质量发展路径。生态产品价值实现通过赋予生态环境经济价值，能够引导资源配置向绿色产业倾斜，培育经济增长新动能。另一方面，中国城乡、区域发展不平衡问题依然突出，生态功能区往往与经济欠发达地区重叠，生态保护与民生改善之间存在张力。建立生态补偿和市场交易机制，可以让保护生态环境的地区和群众获得合理回报，实现生态保护与民生改善的良性互动。

特别值得关注的是，广大乡村地区作为生态产品的主要供给地，长期以来面临着"资源富集"与"经济贫困"并存的尴尬局面。由于生态产品价值实现渠道不畅，乡村优质生态资源难以转化为经济收益，影响了乡村振兴战略的实施效果。建立健全生态产品价值实现机制，打通"绿水青山"向"金山银山"的转化通道，不仅能够增强乡村发展的内生动力，也是缩小城乡差距、推动共同富裕的重要途径。在这一背景下，探索适合中国国情的生态产品价值实现路径，具有重大的现实意义和战略价值。

第二节　概念界定：生态产品及其价值实现的内涵解析

科学界定生态产品及其价值实现的基本概念，是构建理论体系和开展实践探索的逻辑起点。生态产品作为一个具有中国特色的概念，其内涵与外延既与国际通行的"生态系统服务"概念存在联系，又具有独特的理论创新和政策意涵。准确理解生态产品的定义、分类及价值实现的内涵与特征，对于建立健全生态产品价值实现机制具有重要意义。本节，笔者将从概念定义、分类体系等多个维度，系统阐释生态产品及其价值实现的核心要义，为后续研究提供清晰的概念框架。

一、生态产品的概念源流与定义辨析

生态产品概念的提出，是中国生态文明理论创新的重要成果。从学术渊源看，生态产品与生态学、环境经济学中的"生态系统服务"概念密切相关。联合国千年生态系统评估将生态系统服务定义为人类从生态系统中获取的惠益，包括供给服务、调节服务、文化服务和支持服务四大类。这一概念框架不仅为全球生态环境治理提供了共同语言，也为中国生态产品概念的提出奠定了基础。

中国语境下的"生态产品"概念最早出现在 2010 年发布的《全国主体功能区规划》中。该文件将提供生态产品与提供农产品、工业品和服务产品并列，作为区域发展的基本功能之一。2012 年，党的十八大报告明确提出"增强生态产品生产能力"；2017 年，党的十九大报告进一步强调"提供更多优质生态产品"。这些政策表述标志着生态产品从学术概念上升为国家战略话语。

综合现有研究，笔者认为，生态产品是指自然生态系统与人类劳动共同作用形成的最终产品或服务。与国际通行的"生态系统服务"概念相比，中国的"生态产品"

概念具有三个鲜明特点：一是更强调人类劳动在生态产品形成中的作用，体现了马克思主义劳动价值论的指导；二是更突出生态产品的"产品"属性，为市场化价值实现提供了理论依据；三是更具政策操作性，便于转化为具体的制度设计和实践行动。这种概念创新既吸收了国际先进理念，又立足中国实际，为构建具有中国特色的生态产品价值实现机制奠定了概念基础。

二、生态产品的分类体系与特征分析

科学分类是认识生态产品多样性和制定差异化价值实现策略的前提。根据现有研究，生态产品可分为物质类生态产品、调节类生态产品和文化类生态产品三大类型。物质类生态产品指生态系统提供的可直接用于人类生产和消费的物质产出，如清洁空气、干净水源、木材、药材等；调节类生态产品指生态系统通过调节功能为人类提供的惠益，如水源涵养、土壤保持、气候调节、洪水调蓄等；文化类生态产品指通过精神感受、知识获取、休闲娱乐等途径满足人类精神文化需求的生态服务，如自然景观、生态旅游、科学教育等。

这三类生态产品在价值属性、使用特点和实现路径上存在显著差异。物质类生态产品具有明确的实物形态和排他性，其价值相对容易量化和市场化；调节类生态产品具有公共物品或准公共物品属性，其价值实现需要政府干预和市场创新相结合；文化类生态产品则兼具经济价值和文化价值，其价值实现依赖于体验经济和创意产业的融合发展。了解不同生态产品的差异，对于设计分类施策的价值实现机制至关重要。

此外，生态产品还具有一些共同特征：一是自然属性与人工属性的统一，既依赖于自然生态系统的功能，又包含人类劳动的价值；二是经济价值与生态价值的统一，既能满足人类物质文化需求，又能维护生态安全；三是当期价值与长期价值的统一，既产生即时效益，又具有代际持续性。这些特征决定了生态产品价值实现的复杂性和特殊性，需要建立不同于传统商品的价值评估和市场交易体系。

三、生态产品价值实现的内涵与特征

生态产品价值实现是指通过制度设计和机制创新，将生态产品所蕴含的生态价值转化为经济价值和社会价值的过程。这一过程包括价值识别、价值量化、价值转化和价值分配四个关键环节：价值识别是通过科学评估明确生态产品的功能和作用；价值量化是建立核算方法对生态产品进行货币化评价；价值转化是通过市场交易、生态补偿等途径实现经济收益；价值分配是确保收益在相关主体间合理分配，形成可持续的激励机制。

生态产品价值实现具有三个基本特征：一是政府与市场协同发力。由于生态产品的公共物品属性，单纯依靠市场或政府都难以有效实现其价值，必须构建政府主导、企业和社会各界参与、市场化运作、可持续的实现机制。二是因地制宜分类施策。不同地区、不同类型的生态产品，其价值实现路径应有所区别，需要根据资源禀赋和发展阶段选择最合适的模式。三是生态效益与经济效益相统一。价值实现的根本目的是促进生态保护与经济发展的良性互动，不能以牺牲生态环境为代价追求短期经济利益。

生态产品价值实现与传统的生态补偿既有联系又有区别。生态补偿侧重于通过财政转移支付来弥补生态保护者的成本，具有单向性和行政性；而生态产品价值实现更强调通过市场化机制实现生态价值的多元转化，具有双向性和市场性。从生态补偿到生态产品价值实现，反映了中国生态环境治理从政府主导向多元共治、从被动补偿向主动创造的转变，是生态环境治理体系和治理能力现代化的重要体现。

第三节　实现路径：生态产品价值实现的多元模式与机制创新

生态产品价值实现作为一项复杂的系统工程，其成功推进依赖于科学有效的路径选择和机制设计。不同类型、不同区域的生态产品具有差异化特征，决定了价值实现必须采取多元化路径。本节，笔者将系统梳理生态产品价值实现的主要路径，分析各类路径的运行机制、适用条件和实践特点，探讨"两山合作社"在路径创新中的独特作用，为构建分类施策、因地制宜的生态产品价值实现机制提供参考框架。

一、政府主导型

政府主导型路径主要适用于具有强公共物品属性的调节类生态产品，如水源涵养、生物多样性保护等。这类生态产品难以通过市场直接交易，需要政府通过购买服务、转移支付、生态补偿等方式实现其价值。中国在政府主导型路径方面形成了较为完善的制度体系，包括纵向生态补偿、横向生态补偿和综合性生态补偿三种主要模式。

纵向生态补偿是指中央或上级政府对重点生态功能区的地方政府进行财政转移支付。这种补偿方式具有覆盖面广、执行力度大的优势，但也存在标准单一、激励不足等局限。近年来，一些地区探索将补偿资金与生态保护绩效挂钩，增强了补偿的精准性和有效性。

横向生态补偿是指生态受益地区与生态保护地区之间通过协商建立的补偿模式。与纵向生态补偿相比，横向生态补偿更能体现"受益者付费"原则，但由于涉及多方利益协调，其协商成本较高，需要强有力的制度保障和组织协调。

综合性生态补偿是将多种补偿方式有机结合形成的补偿模式。例如，一些地区将生态补偿与产业扶持、技术援助、人才支持等结合起来，形成"资金补偿＋项目支持＋政策倾斜"的多元化补偿模式。这种综合施策的模式能够更好地满足不同地区的差异化需求，提高补偿的整体效率。

整体来说，政府主导型路径在保障基本生态安全、维护社会公平方面发挥着不可替代的作用，但也面临着财政压力大、效率有待提高等挑战。

二、市场交易型

市场交易型路径主要适用于具有排他性和竞争性的物质类生态产品，以及部分具有准公共物品属性的调节类生态产品。市场交易型路径通过构建市场交易机制，实现生态产品的价值转化，主要包括权益交易、生态认证和绿色金融三种形式。

权益交易是指通过开发排污权、用能权、水权、碳汇等环境权益交易产品，实现环境资源优化配置。中国已在多个领域开展权益交易试点，如全国碳排放权交易市场于2021年正式启动，覆盖约45亿吨二氧化碳排放量，成为全球规模最大的碳市场。这类交易机制通过总量控制和配额分配，创造了生态产品的稀缺性，为市场化价值实现提供了制度基础。权益交易具有效率高、可持续性强等优势，但对监管能力和市场成熟度要求较高。

生态认证主要指通过第三方认证提升生态产品附加值。认证机制通过信号传递解决了生态产品质量信息不对称问题，使消费者能够识别和选择环境友好型产品，从而形成优质优价的市场激励机制。生态认证特别适合提升初级农产品的价值，但面临着认证成本高、市场认可度不均等挑战。

绿色金融主要指通过金融工具创新支持生态产品价值实现，具体包括绿色信贷、绿色债券、绿色保险等多种形式。近年来，中国在绿色金融领域不断创新，推出了"生态贷""碳汇贷"等专项金融产品，设立生态产业投资基金，探索生态产品收益权质押融资等。这些创新通过降低融资成本、分担风险、延长投资期限等方式，突破了生态产品开发的资金瓶颈。绿色金融能够撬动社会资本参与生态保护，但对风险评估和信用体系建设要求较高。

三、产业融合型

产业融合型路径指通过生态与产业深度融合，实现生态产品的间接价值转化，适用于各类生态产品特别是文化类生态产品。产业融合型路径包括生态旅游、康养休闲、文化创意等多种形式，具有产业链长、带动性强、附加值高等特点。

生态旅游是将自然景观资源转化为经济收益的重要路径，通过发展观光游览、自然教育、户外运动等业态，实现生态保护与旅游发展的良性互动。高品质的生态旅游不仅能够创造直接经济收益，还能带动餐饮、住宿、交通等相关产业发展，形成乘数效应。生态旅游取得成功的关键在于保持合理的开发强度，避免过度商业化对生态环境造成破坏。

康养休闲是结合健康产业与生态优势的新型价值实现路径，即依托优质的生态环境，发展森林康养、温泉疗养、气候养生等业态，满足人民日益增长的健康需求。康养休闲能够将生态系统的调节服务转化为经济价值，具有市场潜力大、社会效益好等优势。值得注意的是，康养休闲产业的发展需要医疗、养老、保险等多行业协同，对配套设施和服务水平要求较高。

文化创意是指通过挖掘生态文化价值实现生态产品价值的多元转化，包括生态文学创作、自然影视制作、生态手工艺品开发等形式。这些形式特别适合具有丰富文化内涵的生态资源，其成功依赖于创意人才的集聚和对知识产权的保护。

四、"两山合作社"的创新路径

"两山合作社"作为生态产品价值实现的制度创新，整合了政府主导、市场交易和产业融合三种路径的优势，形成了"资源整合—价值提升—收益共享"的系统化实现机制。在资源整合阶段，通过集中收储碎片化的生态资源，解决"分散难开发"问题；在价值提升阶段，通过专业化运营和规模化开发，提高资源利用效率和市场价值；在收益共享阶段，通过建立多元利益联结机制，确保生态保护者获得合理回报。

"两山合作社"的创新性体现在三个方面：一是构建了资源变资产的转化通道，通过确权登记、价值评估、资产核算等环节，将生态资源转化为可交易、可融资的生态资产；二是搭建了多元主体协作平台，整合政府、企业、村集体、农户等各方力量，形成共建共享的治理结构；三是探索了可持续的商业模式，通过"保护中开发、开发中保护"的平衡策略，实现生态效益与经济效益的统一。这种系统化解决方案，为破解生态产品"难度量、难抵押、难交易、难变现"问题提供了实践范例。

第四节　现实意义：生态产品价值实现的多元价值与深远影响

　　生态产品价值实现机制的建立健全是关系国家发展全局的战略性制度创新。本节，笔者将从推动经济高质量发展、促进生态文明建设、创新社会治理模式三个维度，系统阐释生态产品价值实现的多元价值与深远影响，揭示其对推动绿色发展、促进人与自然和谐共生的重大意义，为"两山合作社"的实践探索提供价值引领。

一、推动经济高质量发展的新引擎

生态产品价值实现为推动经济高质量发展提供了新动能。传统发展模式下，生态环境被视为经济发展的约束条件，保护生态环境往往意味着牺牲经济增长。生态产品价值实现通过创新价值评估和市场设计，将生态环境从成本中心转化为价值源泉，重塑了经济发展与生态保护的关系。这一转变为绿色产业创新发展提供了制度激励，推动资本、技术、人才等要素向生态友好型领域集聚，培育经济增长新动能。特别是在广大乡村地区，生态产品价值实现能够激活沉睡的生态资源，改变"资源富集与经济贫困"并存的尴尬局面，为乡村振兴注入内生动力。

生态产品价值实现促进了产业结构优化升级。通过建立生态产品市场价值实现机制，引导企业将生态成本内部化，倒逼高耗能、高污染行业转型；同时为绿色农业、生态旅游、康养休闲等新兴产业创造发展空间，推动产业结构向绿色化、低碳化方向调整。这种结构性变革不仅提高了经济发展的质量和效益，也增强了经济系统的韧性和可持续性。"两山合作社"通过生态资源整合和产业导入，推动了传统农业向高效生态农业转型、单一生产功能向多元复合功能拓展，体现了产业结构优化的微观路径。

生态产品价值实现创新了区域协调发展机制。中国不同区域在生态功能和发展定位上存在显著差异，生态产品价值实现通过建立生态补偿和市场交易机制，使生态功能区能够获得合理经济回报，缓解了保护与发展的矛盾。特别是跨区域生态补偿机制的建立，促进了流域上下游、生态保护区与受益区的利益平衡，为区域协同发展提供了新思路。这种基于生态价值的区域协调机制，超越了传统的产业转移和财政帮扶模式，体现了高质量发展阶段区域关系的新内涵。

二、促进生态文明建设的新抓手

生态产品价值实现丰富了生态环境治理工具。传统环境治理主要依靠命令控制型手段，存在执行成本高、灵活性不足等局限。生态产品价值实现通过引入经济激励和市场机制，构建了政府与市场协同的治理体系，提高了环境治理的效率和精准性。特别是通过量化生态价值、明确产权归属、建立交易规则等制度设计，使生态保护从行政要求转化为经济理性，增强了各方参与生态保护的积极性和主动性。"两山合作社"的实践表明，当生态保护能够带来实实在在的经济收益时，群众保护生态的自觉性和创造性会显著提升。

生态产品价值实现强化了生态系统保护动力。长期以来，生态系统保护面临"公地悲剧"困境，保护者难受益、受益者不保护的矛盾突出。生态产品价值实现通过"保护者受益"的利益导向机制，让守护"绿水青山"的地区、企业和个人获得合理回报，形成了生态保护的长效激励机制。这种机制创新从根本上改变了生态保护与经济发展的对立关系，使生态保护从被动应对转为主动作为，从成本负担转为价值创造。在生态产品价值实现机制下，良好的生态环境成为稀缺资源和竞争优势，"绿水青山就是金山银山"的理念转化为生动实践。

生态产品价值实现推动了生产生活方式的绿色转型。生态产品价值实现不仅是一种经济机制，也是一种文化理念的传播过程。生态产品市场交易及其价值的显现，能够提升整个社会对生态价值的认识，引导社会大众形成绿色消费习惯和可持续的生活方式。同时，生态产品价值核算和绿色绩效考核，能够促使地方政府和企业将生态考量纳入决策过程，推动生产方式向环境友好型转变。这种价值观和行为模式的深刻转变，既是生态文明建设的重要标志，也是实现可持续发展的坚实基础。

三、创新社会治理模式的新实践

生态产品价值实现促进了社会公平正义。生态功能区往往地处偏远、经济欠发达，当地群众为保护生态环境牺牲了发展机会，却难以分享生态保护的成果。生态产品价值实现通过建立生态补偿和利益共享机制，保障了生态保护者的合法权益，体现了社会公平正义。特别是通过资源入股、劳务合作等方式，低收入群体能够参与生态产业并从中受益，促进了发展成果共享。

生态产品价值实现增强了社区治理能力。生态产品价值实现过程涉及多元主体利益协调，需要构建共建共治共享的治理机制。在这一过程中，村集体、合作社等基层组织的作用得到强化，村民参与公共事务的渠道更加通畅，基层民主协商机制不断完善。同时，生态产品价值实现带来的经济收益，为社区公共服务和基础设施建设提供了资金支持，增强了社区的自我发展能力。

生态产品价值实现培育了生态文明价值观。生态产品价值实现不仅是一种经济行为，也是一个文化传播和价值塑造的过程。通过参与生态保护和价值实现活动，群众的生态意识不断增强，人与自然和谐共生的理念深入人心。特别是传统生态文化的挖掘和弘扬，如风水林保护、生态禁忌等乡土智慧的现代转化，为生态文明建设提供了文化支撑。这种价值观的转变是更深层次、更持久的社会变革，为可持续发展奠定了思想基础。

第二章

浙江省"两山合作社"的发展概况

作为"绿水青山就是金山银山"理念的发源地，浙江省在探索生态产品价值实现机制方面始终走在全国前列。作为浙江省探索生态产品价值实现的重要制度创新，"两山合作社"自诞生以来便肩负着破解生态资源"度量难、抵押难、交易难、变现难"等问题的使命。本章，笔者将系统阐述浙江省"两山合作社"的诞生背景、概念演变、发展历程、目标定位、组织架构以及运作机制，全面解析这一生态资源经营管理平台的内在逻辑与运行规律。

第一节　诞生背景

　　浙江省"两山合作社"的诞生并非偶然，而是源于特定的时代背景。

　　首先，生态产品价值实现的制度需求是推动"两山合作社"诞生的重要因素。传统经济发展模式下，生态资源长期处于"低效利用、分散经营"的状态，难以形成规模效应和市场竞争力。农村地区的自然资源虽然丰富，但由于产权界定不清、交易机制缺失、市场化程度低等问题，其潜在经济价值未能充分释放。农民手中掌握的资源资产往往因为体量小、分布散而难以直接对接大市场，导致生态优势无法转化为经济优势。与此同时，社会资本在进入生态领域时也面临信息不对称、交易成本高等障碍，制约了生态产业的规模化发展。

其次，政策环境的逐步完善为"两山合作社"的创建提供了制度保障。2010年以来，国家层面陆续出台了一系列促进生态文明建设的政策文件，为生态产品价值实现机制的探索提供了政策空间。浙江省作为改革先行区，率先在省级层面推动相关制度创新。2020年前后，在国家推进生态产品价值实现机制试点的背景下，浙江省部分地区开始自发探索生态资源市场化运营的新模式。

最后，数字化改革的深入推进为"两山合作社"的高效运营提供了技术支撑。浙江省作为数字经济大省，在政府数字化转型方面积累了丰富经验。这些经验被应用于生态资源管理领域，使得分散的自然资源能够通过数字化手段实现统一登记、动态监测和智能匹配，大大提高了资源整合和市场对接的效率。

综合来看，"两山合作社"的诞生是多重因素共同作用的结果：既有生态文明建设的思想引领，也有破解生态资源市场化难题的现实需求；既受益于政策环境的逐步放开，也得益于数字技术的快速发展。这一创新模式从诞生之初就体现了"政府引导、市场运作、社会参与"的治理理念，为后续的规范化发展奠定了坚实基础。

第二节　概念演变

　　浙江省生态资源经营管理平台经历了一个从"两山银行"到"两山合作社"的概念演变过程，这一变化不仅仅是名称上的调整，更反映了对生态产品价值实现机制认识的深化和模式的优化。理解这一概念演变，对于把握"两山合作社"的本质特征和发展逻辑具有重要意义。

　　2020年，浙江省部分地区开始尝试建立生态资源经营管理的市场化平台。"两山银行"这一称谓形象地概括了这个市场化平台的基本功能：像银行存取资金一样

"存入"绿水青山，"取出"金山银山。从功能角度而言，早期的"两山银行"主要借鉴银行"零存整取"的概念，试图通过平台将分散的生态资源进行集中收储和规模化开发，解决资源碎片化与产业化开发之间的矛盾。在运营模式上，这些平台多由地方政府主导成立，以国有企业为运营主体，负责生态资源的摸底调查、收储整合、价值提升和市场对接等工作。

2022年初，相关金融监管部门发布风险提示，明确指出非金融机构冠以"银行"名称容易对社会公众造成误导，要求各地对不规范使用"银行"字样的行为进行整改。这一监管要求直接推动了生态资源经营管理平台从"两山银行"向"两山合作社"的转变。值得注意的是，这种调整并非简单的"改名"，而是对平台性质的重新定位——从强调金融转向突出合作经济本质，更加符合生态资源管理的实际需求和政策导向。

2023年5月，浙江省发展改革委、省自然资源厅等六部门联合印发《关于两山合作社建设运营的指导意见》。该文件将"两山合作社"界定为"以生态产品价值实现为根本目标，聚焦生态资源变生态资产、生态资产变生态资本，按照'分散化输入、集中式输出'的经营理念，打造政府主导、社会参与、市场化运作的生态产品经营管理平台"。与早期的"两山银行"相比，"两山合作社"更加注重经营管理的实质内容，同时也为引入合作经济元素提供了制度空间。

从"两山银行"到"两山合作社"的概念演变，体现了浙江省在生态产品价值实现机制探索中的实践智慧和制度创新能力。这一转变不仅规避了潜在的监管风险，更重要的是回归了合作经济的本质，为生态资源的可持续经营和利益共享奠定了更加坚实的制度基础。随着认识的不断深化和实践的持续推进，"两山合作社"这一概念还将被赋予更丰富的内涵，推动生态产品价值实现机制走向成熟。

第三节　发展历程

　　浙江省"两山合作社"的发展历程可以清晰地划分为几个关键阶段，每个阶段都有其鲜明的特征和重点突破。从局部试点到全省推广，从自发探索到规范运营，"两山合作社"的发展轨迹不仅展现了制度创新的典型路径，也为理解中国地方改革提供了生动案例。

　　首先是自发探索阶段。这一阶段，浙江省部分地区基于当地生态资源特点和经济发展需求，开始自主探索生态产品价值实现的新机制。2020年是自发探索阶段的关键起点。当时，一些县市尝试建立生态资源经营平台。这些早期探索虽然名称和具体做法各异，但共同特点是聚焦于解决生态资源"碎片化"与产业化开发之间的矛盾，尝试通过平台化运作实现资源的规模化经营。在这一阶段，各地平台主要承担资源摸底、信息整合和项目对接等基础性工作，运营模式尚不成熟，覆盖范围也相对有限。

其次是试点推广阶段。随着早期探索取得初步成效，更多地区开始结合本地实际进行创新性实践。与此同时，在金融监管政策调整的背景下，各地陆续将"两山银行"更名为"两山合作社"，不仅规避了监管风险，也推动了运营模式的优化升级。这一阶段的一个重要特征是数字化手段的广泛应用，许多地区建立了生态资源数据库和信息化管理平台，实现了资源数据的动态更新和可视化展示，大大提高了运营效率。到2023年上半年，浙江省已在多个市县建立了"两山合作社"，形成了一批具有地方特色的运营模式，为全省推广积累了丰富经验。

然后是规范化发展阶段，以《关于两山合作社建设运营的指导意见》的正式实施为标志。这份由浙江省发展改革委等六部门联合印发的文件，首次从省级层面对"两山合作社"的建设运营进行了系统规范，标志着这一创新模式从"点上探索"进入"面上推广"的新阶段。文件明确了"两山合作社"的定义、目标、组织架构、运营模式和保障措施等核心内容,为"两山合作社"在全省范围内的规范化发展提供了政策依据。在这一阶段,"两山合作社"的数量快速增长。截至2023年底,全省共成立39家"两山合作社",实现省内山区26县全覆盖。与此同时,项目开发和投资规模也显著扩大,截至2023年底,全省通过"两山合作社"累计开发项目1256个,总投资达560亿元。[①]

浙江省"两山合作社"的发展历程呈现出明显的"自下而上"与"自上而下"相结合的特点。早期的自发探索充分尊重了地方首创精神,允许不同地区根据自身条件进行差异化尝试;后期的规范推广则体现了省级层面的统筹协调,确保改革探索在整体框架内有序推进。这种渐进式的发展策略,既保持了制度创新的活力,又避免了无序发展可能带来的风险,为其他地区的类似探索提供了有益借鉴。

[①] 资料来源:"两山合作社"推进生态富民,http://cpc.people.com.cn/n1/2024/0510/c64387-40232827.html。

第四节　目标定位

　　"两山合作社"是浙江省在深入践行"绿水青山就是金山银山"理念过程中创新设立的生态产品经营管理平台，其核心定位是通过市场化机制实现生态资源向资产、资本的转化。从本质上看，"两山合作社"并非传统意义上的金融机构或单纯的资源收储机构，而是一个兼具政策性与市场性的综合性服务平台，旨在解决生态产品价值实现过程中的结构性矛盾。这一新型组织形态的诞生，标志着浙江省生态产品价值实现机制建设进入了系统化、制度化阶段。

在组织属性上,"两山合作社"具有双重特性。一方面,它是由政府主导设立的公共平台,多数由县级人民政府授权的国有企业牵头成立,或利用现有国资企业承接相关职能,体现了政府在生态保护与价值转化中的引导作用。另一方面,"两山合作社"又是按照市场化原则运作的经济实体,通过企业化运营实现生态资源的优化配置和价值提升。

从功能定位来看,"两山合作社"扮演着资源整合者、价值发现者和市场连接者三重角色。作为资源整合者,它秉持"分散化输入、集中式输出"的经营理念,将零星分散的生态资源进行系统性收储和规模化整合。作为价值发现者,它通过专业评估和分类开发,挖掘各类生态资源潜在的经济价值和文化价值。作为市场连接者,它搭建起资源所有者与市场需求方之间的桥梁,促进生态产品的市场化交易和产业化开发。这种多维度的功能定位,使"两山合作社"有别于传统的资源管理机构或单纯的市场中介组织。

随着实践的深入,"两山合作社"将从单一的生态资源管理平台,逐步发展为集资源开发、产业培育、品

牌运营、金融服务等多功能于一体的综合性机构，在浙
江省高质量发展建设共同富裕示范区的进程中发挥日益
重要的作用。

第五节　组织架构

　　作为浙江省生态产品价值实现机制的重要载体，"两山合作社"的组织体系设计充分考虑了生态资源的分布特点、行政管理的层级结构以及市场化运营的效率要求，形成了多层次、网络化的组织架构。这一组织架构既保证了政策执行的一致性和资源整合的规模效应，又兼顾了地方差异性和基层创新活力，为"两山合作社"职能的有效发挥提供了坚实的组织保障。

一、纵向：三级运营体系

"两山合作社"的组织架构在纵向上呈现"以县级为主、市县乡三级联动"的特点。《关于两山合作社建设运营的指导意见》明确规定，"两山合作社"一般以县级为主，根据实际需要，可以成立市级和乡镇级"两山合作社"，从而构建起市、县、乡三级合作运营体系。这种设计既考虑了生态资源管理的行政层级，又适应了不同规模项目的开发需求。

县级"两山合作社"承担着县域内生态资源整合与开发的主体责任。县级"两山合作社"通常由县级人民政府授权的国有企业依法牵头成立，也可利用现有国资企业承接"两山合作社"职能。在具体形式上，各地根据实际情况采用了多样化的名称，如"某某县两山生态资源资产经营有限公司""某某区生态资源开发运营有限公司"等。这种由国企牵头的组织形式，既发挥了国有企业的市场主体作用，又兼顾了其供给制度性公共产品的职能，有利于破解资源资产流转方面的制度性难题。县级"两山合作社"的注册资本规模较大，如安吉县"两山合作社"注册资本达6亿元，体现了较强的资源整合和开发能力。

市级"两山合作社"主要承担跨县域生态资源协调开发和全市统一平台建设的职能。截至 2023 年底，湖州、衢州和丽水三市均建立了市级"两山合作社"。以丽水市为例，市级"两山合作社"搭建了全市统一的生态产品交易平台，与县级"两山合作社"分区域收储、运营生态资源，实现收储、交易、招商、服务"四统一"。丽水市发展改革委生态经济处处长蔡秦表示："有时需要多县区联动，市级跨区域统筹便发挥出作用了。"[①] 对于碳交易这类需要全市统筹的重点课题，丽水市还设立了全国首个森林碳汇管理局，强化专业管理。

乡镇级"两山合作社"（或生态强村公司）是三级运营体系的基层节点，直接对接村集体和农户，负责属地生态资源的摸底、收储和初级开发。乡镇级"两山合作社"（或生态强村公司）的设立使资源整合工作更加贴近基层，提高了工作的精准性和效率。例如，丽水市在全市 173 个乡镇组建了生态强村公司，作为"两山合作社"的有效补充。安吉县则在县级"两山合作社"下设 13 个乡镇级"两山合作社"，同时设置多个项目子公司。县级"两山合作社"统筹项目规划，乡镇级"两山合作社"

---

① 资料来源："两山合作社"推进生态富民，http://cpc.people.com.cn/n1/2024/0510/c64387-40232827.html。

对属地资源进行自主开发，项目子公司则对需要统筹或自营的项目进行统一开发。乡镇级"两山合作社"的建立，有效解决了生态资源分布零散、信息不对称等问题，为规模化开发奠定了基础。

三级组织架构并非简单的上下级关系，而是根据资源特点和项目需求形成的协作网络。具体而言，市级层面侧重统筹协调和平台建设，县级层面主导资源整合和项目开发，乡镇层面负责具体实施和利益联结，三者各司其职又相互配合，共同推动生态产品价值实现。

二、横向：多元主体协作

"两山合作社"在横向上形成了"政府主导、部门协同、市场参与"的多元主体协作结构。这一结构突破了传统行政条块分割的局限，整合了各方力量和资源，为生态产品价值实现提供了全方位的支持。

政府主导体现在"两山合作社"的组建和运营过程中政府发挥的规划引领、政策支持和协调保障作用。"两山合作社"试点工作通常由党委和政府的主要领导挂帅，成立高规格的领导小组，统筹推进相关工作。例如，湖州市南浔区的"两山合作社"试点工作领导小组成员单位包括区发展改革和经济信息化局、区农业农村局、区商务局、区财政局等十多个部门，形成了强大的工作合力。三门县的"两山合作社"试点工作领导小组成员单位涉及县发展和改革局、县农业农村局、县财政局（县国资办）、县大数据发展中心、金融工作中心、投资促进中心等十多个单位，以及各乡镇（街道），其规格几乎超过了其他合作社。

部门协同是"两山合作社"有效运作的关键支撑。生态产品价值实现涉及资源权属、产业开发、金融支持、市场监管等多个环节，需要相关部门密切配合。浙江省《关于两山合作社建设运营的指导意见》明确提出要加强部门协同，协调解决改革过程中出现的问题。在实践中，发展改革部门负责统筹协调，自然资源部门主管产权制度改革，农业农村部门指导乡村资源开发，金融监管部门推动绿色金融创新，各部门各司其职又相互配合，形成了高效的工作机制。

市场参与是"两山合作社"可持续运营的活力源泉。"两山合作社"虽然是政府主导设立的，但坚持市场化运作原则，积极引入社会资本和专业机构参与生态资源开发。在实践中，"两山合作社"与龙头企业、专业合作社、科研院所、金融机构等建立了广泛的合作关系，形成了多元主体参与的开发格局。例如，南浔区"两山合作社"帮助当地果农与中国农业科学院柑桔研究所（简称中柑所）、浙江省柑橘研究所（简称浙柑所）等多家科研院所开展合作，搭建农场数字化管理平台，提高农特产品加工转化率。市场主体的深度参与，不仅带来了资金和技术，也引入了先进的管理理念和市场渠道，提升了生态资源开发的效率和效益。

三、组织体系的创新特点

浙江省"两山合作社"的组织体系设计具有三个鲜明的创新特点。

一是灵活性。组织体系不是一刀切的固定模式，而是根据各地资源禀赋和发展需求灵活设置的。例如，有的地区以县级农投集团为运营主体，发挥其熟悉"三农"情况的优势；有的地区由交通旅游集团有限公司操盘，突出生态与文旅融合特色；还有的地区探索引入社会资本形成混合所有制企业，增强市场活力。这种灵活性使组织体系能够更好地适应不同地区的发展实际。

二是专业性。"两山合作社"不仅是一个综合性平台，还根据业务需要设立了众多专业子公司，提高了运营的专业化水平。例如，安吉两山泰仑新能源有限公司专门开发全县屋顶光伏项目、安吉两山绿川生态农业发展有限公司主要统筹与开发节水抗旱稻项目。专业公司的设立,使"两山合作社"能够深入特定领域,形成核心竞争力。

三是数字化。"两山合作社"积极运用数字技术提升组织运行效率。例如,常山县依托"常山生态云脑"数智平台,打破了多个部门的数据壁垒,构建起覆盖县、乡、村各层级的一体化数据目录,实现了生态资源管理的精准化和智能化。数字化手段的应用,大幅提升了资源配置和项目开发的效率。

浙江省"两山合作社"的组织体系通过纵向分级负责、横向多元协同,构建了覆盖全域、贯穿上下游的工作网络,为生态产品价值实现提供了强有力的组织保障。这一体系既发挥了政府统筹协调的优势,又激发了市场主体的创新活力,是"有效市场"与"有为政府"相结合的生动实践。随着工作的深入推进,这一组织体系还在不断优化完善,展现出强大的适应性和生命力。

第六节 运作机制

　　"两山合作社"作为生态产品价值实现的创新平台，其高效运转依赖于一套科学完备的运作机制。这套运作机制贯穿生态资源从分散输入到集中输出的全过程，形成了环环相扣、有机衔接的工作链条，为生态产品价值实现提供了制度保障和实践路径。

一、资源整合机制

　　资源整合机制是"两山合作社"运作的起点和基础，其核心在于破解生态资源"碎片化"难题，实现规模化和集约化利用。这一机制主要包括资源调查、权属确认、价值评估和集中收储四个关键环节。

资源调查是资源整合的首要环节。"两山合作社"以县域为基本单元,开展生态资源资产的系统调查,建立生态资源数据库。例如,常山县依托"常山生态云脑"数智平台,打通资规、林水、农业农村等12个部门1000多个数据项,实现了全县数据脉络的清晰梳理与精准定位。数字化手段的应用大幅提高了资源调查的效率和精度。

权属确认是资源整合的法律基础。生态资源权属不清、流转不畅是影响生态产品价值实现的主要障碍之一。"两山合作社"在资源整合过程中,特别注重产权制度的创新与完善。例如,龙游县在产权改革方面走在全省前列,打破以往农村土地经营权流转需收回农户承包经营权证的前置壁垒,以"两山合作社"与村集体签订的土地经营权流转合同、测绘报告、村"两委"会议纪要等作为颁证申请材料,实现"一块'标准地'、一本不动产权证书"。2024年1月,龙游县在全市率先颁发土地经营权不动产权证书。截至2024年7月,该县已将"湖镇镇美丽牧场士元养殖小区""模环乡苗垅畈山塘"等2本土地经营权不动产权证书颁发给"两山合作社",另有 5 本证书正在办理中。^① 这种产权创新大大简化了资源流转程序，降低了交易成本。同时，"两山合作社"还积极参与生态资源的确权登记工作，推动解决历史遗留的权属争议问题。对于边界不清的地块，由"两山合作社"牵头，以整片地块为单位重新开展土地测量，测量结果作为土地经营权证红线范围，避免流转过程中各区权属地块间的边界争议。

价值评估是资源整合的技术支撑。"两山合作社"独立或联合专业机构开展生态资源资产的价值评估，为后续的交易和开发提供科学依据。评估对象不仅包括传统的物质产品，还包括调节服务类产品（如碳汇、水权）和文化服务类产品（如景观价值），评估方法也日趋多元和科学。价值评估使隐性价值显性化，为生态资源进入市场创造条件。

集中收储是资源整合的具体实现形式。"两山合作社"根据评估结果和开发规划，采取租赁、入股、合作经营等方式，对分散的生态资源进行集中收储。收储过程注重保障农民权益，通过合理的价格机制和多样的参与方式，让农户自愿将资源纳入统一经营。例如，柯城区"两

---

① 资料来源：浙江龙游："两山合作社"架起生态价值转化桥，https://www.crnews. net/zl/gg/964327_20240701014923.html。

山合作社"以每亩每年650元、195%的溢价流转租用了麻蓬村等800余亩闲置土地[①],既提高了土地利用效率,又增加了农民收入。

二、项目开发机制

项目开发机制是"两山合作社"运作的核心,主要作用是将静态的生态资源转化为动态的发展动能。这一机制包括项目谋划、实施模式和风险管理三个关键要素。

项目谋划强调科学性和系统性。"两山合作社"独立或与专业机构合作,基于资源特点和市场需求,策划并开展生态资源资产开发利用项目。例如,安吉县"两山合作社"针对生态产品不同的价值属性进行分类开发,形成物质供给、调节服务、文化价值三类生态产品项目开发库。具体而言,对于安吉白茶、安吉冬笋等特产,重点打造区域公用品牌;对于竹林碳汇、水权等调节服务类产品,个性化开发其生态权益价值;在文化服务方面,重点打造民宿村落、景区景点等文旅项目。这种分类开发的思路,使生态资源的多元价值得到充分挖掘。

实施模式体现多样性和创新性。"两山合作社"可

---

① 资料来源:解码乡村"新物种",两山合作社给农民带来啥好处? https://baijiahao.baidu.com/s?id=1781870593077459506&wfr=spider&for=pc。

采取直接投资、引入社会资本、与社会资本合作等多种模式开展生态资源资产经营。具体方式包括：一是自主经营，对具有战略意义或示范效应的项目，由"两山合作社"直接投资运营；二是合作开发，引入专业企业共同开发，发挥各自优势；三是整体招商，将资源包整体转让给有实力的市场主体开发运营。多元化的实施模式适应了不同类型资源和项目的开发需求。

风险管理确保项目开发的稳健性。"两山合作社"建立全过程风险控制机制，防范生态环境风险、项目风险和企业运营风险等。《关于两山合作社建设运营的指导意见》明确规定，要适度控制公司流动性和资产负债水平，严格控制为参股企业提供借款，不鼓励单独开展融资担保背书等业务，不得以开展业务为由新增地方政府隐性债务。在实践中，"两山合作社"通过专业评估、合同约束、过程监管等方式，降低项目开发风险。同时，建立项目动态调整机制，及时清退不符合要求的项目。

三、市场交易机制

市场交易机制是连接生态资源与市场需求的桥梁，是实现生态产品价值的关键。这一机制包括三个重要组成部分，即交易平台建设、绿色金融支持和品牌营销推广。

交易平台建设为生态产品流通提供基础设施。浙江省支持有条件的地方建立生态产品交易平台，促进生态产品供需对接。在实践中，丽水市搭建了全市统一的生态产品交易平台，实现收储、交易、招商、服务"四统一"，不仅降低了交易成本，也提高了市场效率。

绿色金融支持为生态产品交易提供资金保障。"两山合作社"加强与金融机构合作，创新绿色金融产品，破解生态产业发展的融资难题。例如，浙江省因地制宜推广民宿保险、生态资源储蓄贷、两山信用贷、林业碳汇贷等绿色金融创新产品，建立多方协同的风险共担机制。绿色金融创新，不仅解决了资金问题，还通过市场定价机制进一步体现了生态产品的价值。

品牌营销推广提升生态产品的市场竞争力。"两山合作社"积极开展区域生态产品品牌培育、运营及推广，解决小散农户对接大市场的难题。通过统一标准、统一包装、统一营销，打造具有地域特色的生态产品区域公用品牌，提高产品附加值和市场认可度。例如，仙居县依托"神仙大农"区域公用品牌，构建全渠道营销体系，实行"供应链中心＋线上直播间＋线下实体店"的全链条运营模式：线上对接主流电商平台，线下在县内外开设实体店和专柜。截至 2023 年底，全品类销售额达 13.9 亿元，主要农产品平均收购价提升 20% 至 150%。[①] 品牌化战略的实施，使生态产品从低端同质竞争走向高品质差异化发展。

四、利益分配机制

利益分配机制是"两山合作社"运作的价值归宿，直接关系到农民的获得感和社会公平性。这一机制强调生态增值收益向村集体、农户倾斜，构建多方共赢的分配格局。

首先，农户参与机制确保农民成为生态产品价值实现的积极参与者和直接受益者。"两山合作社"通过多种方式带动农户参与，包括资源入股、劳务合作、产销对接等。例如，安吉县依托"两山合作社"探索"两入股三收益"农民利益联结机制：农户将竹林经营权流转至村专业合作社获得租金；村专业合作社将林权流转金入股共富产业园、共富乡宿、竹材分解点等具有稳定收益的经营性项目，可分一笔股金；此外，农户就近参与竹林生产经营管理，可以获得薪金。该机制带动全县村

[①] 资料来源：两山合作社，乡村振兴新角色，https://cs.zjol.com.cn/kzl/202312/t20231214_26514504.shtml。

集体年均增收 65 万元、农户年均增收 6700 元以上。[①] 多元化的参与方式，使农民从单纯的资源提供者转变为产业链的参与者和受益者。

收益分配制度促进生态增值收益的合理分配。"两山合作社"建立科学的收益分配办法，明确政府、企业、村集体和农户等各方的收益比例和分配方式。例如，衢州市衢江区"两山合作社"以"整村经营"为突破口，推动高家镇盈川村的强村公司与衢州市腾云文化旅游发展有限公司达成合作协议，将全村 17 栋闲置农房集中流转并改造提升，村民每年可参与不低于 60 万元的收益分红。2022 年，衢江区 7 个试点村的村集体和农户的"租金 + 分红"总收益达 388 万元，是以前单纯拿租金的 2 倍多。[②] 合理的收益分配，既保障了投资者的合理回报，又确保了农民共享发展成果。

长效保障措施确保利益分配的可持续性。"两山合作社"通过合同约束、制度设计和监督机制，保障各方特别是农民的长期利益。具体措施包括：建立价格调整机制，根据市场变化动态调整收益分配比例；设立风险

---

① 资料来源：两山合作社，乡村振兴新角色，https://cs.zjol.com.cn/kzl/202312/t20231214_26514504.shtml。
② 资料来源：解码乡村"新物种"，两山合作社给农民带来啥好处？https://baijiahao.baidu.com/s?id=17818705930774595 06&wfr=spider&for=pc。

保障基金，应对市场波动带来的风险；完善监督机制，确保分配公开透明。这些措施不仅增强了利益分配的稳定性和可持续性，也提高了农民的获得感和参与积极性。

第三章

衢州市的创新探索与实践

浙江省衢州市作为"两山"理念的重要实践地，近年来通过"两山合作社"这一创新模式，在生态产品价值实现机制上取得了突破性进展。本章，笔者将系统梳理衢州地区"两山合作社"的发展历程、运行机制与创新实践，重点分析常山县、江山市、龙游县和衢江区等地的典型案例，揭示其在资源整合、产权改革、金融赋能、产业融合等方面的探索经验，为全国生态产品价值实现提供可借鉴的"衢州样本"。

第一节　发展历程与运行机制

　　衢州市位于浙江省西部，地处浙、闽、赣、皖四省交界，素有"四省通衢"之称。在自然资源方面，衢州市拥有丰富的森林、水系、农田等自然资源，森林覆盖率接近70%，是浙江省重要的生态屏障。然而，长期以来，这些优质的生态资源却面临着"沉睡闲置""低效利用"和"价值难显"的困境。如何打通"绿水青山"向"金山银山"的转化通道，成为衢州市实现绿色发展和共同富裕的关键命题。

在这一背景下，衢州市自2020年起开始探索建立"两山合作社"，旨在破解生态资源"碎片化分散"与产业化开发之间的结构性矛盾。衢州市"两山合作社"的运行机制具有三个鲜明特点：一是坚持"政府主导、市场运作"，政府负责搭建平台、制定规则和提供公共服务，具体项目开发则引入社会资本按市场化原则运作；二是注重"数字化赋能"，通过建设"常山生态云脑"等数智平台，实现生态资源"一图感知"和全流程监管；三是强化"联农带农"，建立资源所有者（农户、村集体）、经营主体（企业）和"两山合作社"之间的利益联结机制，确保生态增值收益向农民倾斜。

从实践效果看，衢州市"两山合作社"已成为当地生态富民的重要引擎。以常山县为例，截至2022年8月，常山县"两山合作社"已成功引进社会资本22亿元，收储资源资产价值达3.5亿元，增加村集体经营性收入3350万元，助推全县180个行政村实现年经营性收入20万元以上全覆盖。① 江山市则通过"两山合作社"盘活夯土房资源，开发运营民宿11家，新增各类营业收入3000

---

① 资料来源："两山合作社"的常山实践，https://baijiahao.baidu.com/s?id=174260 5684051090782&wfr=spider&for=pc。

多万元，新增就业岗位 120 多个。[①] 这些数据充分证明，"两山合作社"有效激活了沉睡的生态资源，为山区县实现共同富裕探索出了一条新路径。

---

① 资料来源：土房变"金屋"山水皆文章——浙江江山"两山合作社"盘活夯土房特色生态资源，http://journal.crnews.net/ncgztxcs/2024/dyq/yxlf/960081_20240105085114.html。

第二节　常山县：全产业链赋能与生态金融创新

　　常山县位于浙江省西南部，是全省的西大门。作为全球绿色城市和国家重点生态功能区，常山县拥有得天独厚的生态资源禀赋，享有"千里钱塘江、最美在常山"的美誉。然而，与许多生态优势地区一样，常山县也长期面临着"生态优而经济弱"的发展困境——优质的生态资源难以量化并直接转化为经济效益。2020年9月，常山县聚焦生态资源资产管理和转化中的低效闲置、支农无奈、增收乏力、招商落地难等四大困惑，成立了由县委、县政府主要领导任双组长的"两山银行"建设工作领导小组，成立并实体化运作"两山银行"（后更名为"两山合作社"），搭建起区域内资源集聚、资产交易、信用担保、招商对接、农业投资和生态补偿等六大平台，开启了生态产品价值实现的创新探索。

一、胡柚共富果园：特色农产品的规模化与品牌化实践

共富果园是常山县"两山合作社"的典型实践案例。常山县青石镇飞碓村是当地胡柚产业重点村，几乎家家户户种植胡柚，但长期以来面临单打独斗、品质参差不齐、价格受市场波动影响大等困境。2021年，在常山县"两山合作社"的帮助下，飞碓村将流转的317亩分散经营的胡柚园打造成共富果园，涉及195户农户的7000余棵胡柚树。[①] 这一做法彻底改变了传统粗放种植、分散经营的状态，形成了规模化、标准化、品牌化的现代农业发展路径。

共富果园的运营机制体现了多方共赢的设计理念：农户以胡柚树入股，平均每棵胡柚树可获得60元左右的

---

① 资料来源："两山合作社"点柚成"金"，https://jrcs.zjol.com.cn/new/html/2024–03/07/content_2847012.htm。

年租金；产果区平均每亩帮助农户增收 2000 余元；此外，参与果园管理的农户还可获得劳务收入。村民王玉林便是受益者之一，在将自家的 200 多棵胡柚树纳入共富果园后，除了分红，王玉林还能靠在果园打工获得 2 万余元的收入。2023 年，飞碓村共富果园胡柚产量约为 20 万公斤，总销售额超过 120 万元，其中精品果每公斤售价达 8 元；除农户分红的 43 万元及相关成本外，村集体收入突破 50 万元。[①]

值得一提的是，常山县"两山合作社"为共富果园提供了全产业链支持。一方面，针对农业产业检验检测、冷链物流等薄弱环节，常山县"两山合作社"投资建成国家级标准农产品检验中心、2.5 万立方米冷链仓储中心和 3 条水果智能分选生产线，解决了众多中小经营主体"想干干不了、干了不划算"的难题；另一方面，培育了"一份常礼"区域公用品牌，授权经营主体无偿使用，提升产品标准化和辨识度。这些措施显著提高了胡柚的产品附加值和市场竞争力。

---

① 资料来源："两山合作社"点柚成"金"，https://jrcs.zjol.com.cn/new/html/2024-03/07/content_2847012.htm。

二、"常山生态云脑": 数字化赋能生态资源整合

常山县"两山合作社"创新打造的"常山生态云脑"数智平台，是生态资源数字化管理的标杆性实践。该平台借鉴商业银行"零存整取"的理念，通过打通资规、林水、农业农村等 12 个部门 1000 多个数据项，实现了"散户手机端便捷存储、管理端一图感知"的目标，为生态资源的价值转化提供了数字化基础设施。截至 2022 年 8 月，"常山生态云脑"数智平台已存入各类生态资源 3344 项，总价值 17.9 亿元，其中土地 2.4 万亩、闲置房屋 9.8 万平方米，为后续的招商开发和金融支持奠定了基础。[①]

资源收储与招商对接是"常山生态云脑"数智平台的核心功能之一。新昌乡泰安村的案例尤为典型。该村将 15 栋闲置古民居拍照后上传至"常山生态云脑"数智平台，经常山县"两山合作社"审核后被正式收储，存入村庄生态账户。随后，"常山生态云脑"数智平台发布招商信息，帮助泰安村成功引进上海秦森园林股份有限公司进行开发运营，协议约定前 3 年村集体每年可获得 30 万元的固定收益。

"常山生态云脑"数智平台的创新价值主要体现在

---

① 资料来源："两山合作社"的常山实践，https://baijiahao.baidu.com/s?id=174260
5684051090782&wfr=spider&for=pc。

三个方面：一是解决了生态资源"碎片化"难题，通过数字化手段实现了分散资源的集中管理和规模化开发；二是实现了从"人找资源"到"资源找人"的转变，大大提高了交易效率；三是创造了生态资源价值发现的新机制，为全国生态产品价值实现提供了可复制的解决方案。

三、生态金融创新：破解资源抵押融资难题

常山县"两山合作社"在生态金融领域的创新实践，有效破解了生态资源"难确权、难抵押、难融资"的难题。针对传统金融机构不愿贷、不敢贷的问题，常山县"两山合作社"创造性地运用承诺收购、转让返租等方式，为难确权、难抵押的生态资源增信。截至 2022 年 8 月，常山县"两山合作社"已推出"生态贷""胡柚贷""奇石贷"等 17 类金融产品，与 13 家金融机构建立合作，让原本融资面临困难的 829 家经营主体获得生态贷款 4.28 亿元。①

浙江柚香谷投资管理股份有限公司（以下简称柚香谷公司）的典型案例充分展示了生态金融的创新价值。

---

① 资料来源："两山合作社"的常山实践，https://baijiahao.baidu.com/s?id=174260 5684051090782&wfr=spider&for=pc。

柚香谷公司在常山种植香柚树近万亩，在企业发展的关键期面临资金短缺困境。"两山合作社"创新采用"售后返租"模式，以 2500 万元收购该公司 30 万棵香柚树后，又返租给企业经营，既保持了企业经营的连续性，又为其注入了发展资金。柚香谷公司办公室主任徐利华感慨道："2021 年之前，公司还是比较困难的。那时候香柚还没有采摘，生产销售还未到位。在'两山合作社'的大力帮助和支持下，公司投资了第一条生产线。"获得资金支持后，柚香谷公司引入国际先进的数字化生产线，促使产能提升了 6 倍，月销售额突破 300 万元，订单金额突破 3 亿元。①

常山县的生态金融创新实践表明，通过机制设计和技术应用，完全可以将"沉睡"的生态资源转化为"流动"的金融资本。这种创新不仅解决了经营主体的融资难题，更重要的意义在于建立了生态资源资本化的实现路径，为"绿水青山"向"金山银山"转化提供了金融基础设施。未来，随着碳金融、生态补偿等机制的完善，生态金融创新将拥有更为广阔的发展空间。

---

① 资料来源："两山合作社"搭建共同富裕"桥"和"船"，http://zjucsagri.zju.edu.cn/newsinfo.php?cid=3&id=186。

四、碳汇交易创新：生态产品的市场化探索

在碳达峰、碳中和背景下，常山县以全国首批 CCER（国家核证自愿减排量）造林碳汇项目开发试点为契机，创新探索"碳汇＋司法""碳汇＋金融""碳汇＋出行""碳汇＋会议"等多元化碳汇交易模式，走出了一条"林地流转—碳汇收储—平台交易—收益反哺"的绿色发展之路。常山县"两山合作社"作为林业碳账户一级账户开发主体，对林场、村集体、农户的造林抚育地块碳汇量进行统一收储和开发，取得了林业碳汇"可度量、可交易、可变现"的突破性进展。

碳汇资源集中收储是常山县碳汇交易的基础性工作。2022 年以来，常山县"两山合作社"陆续与常山县林场及 9 个林农主体、2 个村集体签订碳资产开发委托协议。通过专业化的碳汇计量、监测、核证，截至 2024 年 6 月，常山县"两山合作社"已收储 5549 亩林地碳汇，核证开发碳汇 9133 吨，收益超过 90 多万元。[①]

2024 年 6 月，一起涉林案件中的违法行为人以 2.46 万元的价格认购 246 吨碳汇，并与常山县生态资源经营管理有限公司（即常山县"两山合作社"）签订合同，

---

① 资料来源：常山"碳"索新产业让青山变金山，http://nyncj.qz.gov.cn/art/2024/7/1/art_1229636650_58942895.html。

以替代性修复被破坏的生态环境。这是常山县创新"碳汇＋司法"生态损坏补偿的一个典型案例：既让破坏者承担了生态修复责任，又为碳汇交易开辟了新渠道。截至 2024 年 6 月，已有 6 名被告人以 100 元 / 吨的价格认购司法碳汇，总金额为 39.18 万元。① 这种"破坏者付费—专业机构修复—第三方监督"的生态损害补偿机制，为生态环境司法保护提供了新思路。

　　常山县的碳汇交易创新实践表明，在"双碳"目标下，生态产品的市场化路径正在不断拓展。通过制度创新和技术创新，原本"看不见、摸不着"的生态服务功能被量化为可交易的碳汇产品，实现了"空气卖钱"的转变。这一探索不仅为生态保护提供了经济激励，也为山区县实现绿色低碳共富提供了可行方案。

---

① 资料来源：常山"碳"索新产业让青山变金山，http://nyncj.qz.gov.cn/art/2024/7/1/art_1229636650_58942895.html。

第三节　江山市：夯土房活化与文旅产业融合发展

　　江山市位于衢州市西南部，地处浙闽赣三省交界，素有"东南锁钥、入闽咽喉"之称。作为浙江省重要的生态屏障和文化旅游胜地，江山市拥有世界自然遗产江郎山、仙霞古道等优质旅游资源，同时也保留了丰富的传统村落和特色民居资源。其中，夯土房作为浙西山区的传统建筑形式，既是地方文化的重要载体，也是极具开发潜力的生态旅游资源。据统计，江山市拥有3903幢、总建筑面积逾 39 万平方米的闲置夯土房。[①] 如何激活这些"沉睡"的建筑遗产,使其成为乡村振兴和农民增收的新引擎,成为江山市"两山合作社"面临的重要课题。

从 2021 年起,江山市"两山合作社"通过规模化收储、专业化整合、市场化开拓、差异化经营、流量化变现等手段,打造夯土房民宿生态共富"标准地",让原本闲置荒废的夯土房成为各方看好的稀缺资源。这一做法的核心在于将分散的夯土房资源进行标准化定价、集中化收储,并打造成随时可落地实施的"生态资产包",打通了闲置夯土房的历史厚重感、人文积淀以及周围山水资源价值向"金山银山"转化的通道。

制度创新是江山市夯土房活化的基石。江山市制定出台了包括《江山市夯土房资源分级定价管理暂行办法》《江山市夯土房资源储蓄管理暂行办法》《江山市夯土房资源收益分配管理暂行办法》《江山市夯土房民宿开发运营管理暂行办法》《江山市夯土房民宿"标准地"工作指南》等在内的管理办法和工作指南,根据夯土房所处区域位置、房屋结构、周边环境等内容,将夯土房分为优、良、一般、差四个等级,并结合资源储蓄年限

---

① 资料来源:土房变"金屋" 山水皆文章——浙江江山"两山合作社"盘活夯土房特色生态资源,http://journal.crnews.net/ncgztxcs/2024/dyq/yxlf/960081_20240105085114.html。

来确定夯土房的储蓄基准价值，后期再结合资源经营收益给予农户相应的溢价分红，真正实现富民增收。

在开发模式上，江山市政府以及江山市"两山合作社"构建了以夯土房"标准地"开发为导向的政策管理体系，形成"政策包"。具体操作流程是：通过村集体从农户手中收储闲置的夯土房，并对村里实施"五通三化"（即给水、排水、通电、通路、通信及净化、亮化、美化），进行生态开发"标准地"建设，配建道路、市政、景观等设施，为夯土房权属人和投资方搭建平台。此外，江山市"两山合作社"还提供了民宿综合保险、民宿住宿收入保险等"一揽子"综合保障服务，降低投资风险，让经营业主吃下"定心丸"。

以江山市石门镇小塘源村为例，该村28幢夯土房在完善基础配套后集中连片流转给客商开发利用，吸引了西坡集团等多家主体成功签约，将一个原本即将荒废的村落变成了度假胜地。泥墙黛瓦、错落有致的夯土房民宿成了"网红打卡点"，游客络绎不绝。民宿业主赖雪芸介绍："这里的夯土房民宿在保留古朴原貌的基础上建有复式温泉房、泳池、茶吧，还实现了'五通三化'，水电网、公共停车场、公共大型书吧等公共配套齐备，更加适合现代生活需求。"[1] 这种"修旧如旧、功能现代"的开发理念，既保留了夯土房的历史风貌，又满足了现代游客的舒适需求，实现了传统与现代的完美融合。

在利益分配机制上，江山市"两山合作社"建立了资源投资收益分红、企业利润二次分红等富民保障机制，让村民充分享受资源变现增值、开发获利的实惠和红利。以江山市塘源口乡洪福村为例，该村作为试点，成功发放全国首张夯土房资源储蓄单，收储了15幢夯土房，收储等级均为"优良"，使原来散落的有价值的夯土房得到开发转化。在洪福村夯土房资源储蓄单上，仅租金一项，村民邱宝金在20年的储蓄期内，就可获得约为10.5万元的保底收入。对此，邱宝金激动地表示："闲置了这么多年，今天我的夯土房终于有了利用价值，我也有了额外收入，真要感谢'两山合作社'！"[2]

产业融合是江山市夯土房活化的一大亮点。江山市创新推出"山、水、房"协同转化模式，将夯土房连同周边山、水生态资源做成资产包，推动山、水、房等生

---

[1] 资料来源：土房变"金屋" 山水皆文章——浙江江山"两山合作社"盘活夯土房特色生态资源，http://journal.crnews.net/ncgztxcs/2024/dyq/yxlf/960081_20240105085114.html。

[2] 资料来源：土房变"金屋" 山水皆文章——浙江江山"两山合作社"盘活夯土房特色生态资源，http://journal.crnews.net/ncgztxcs/2024/dyq/yxlf/960081_20240105085114.html。

态旅游资源价值的协同高效转化。此外，在项目开发过程中，江山市"两山合作社"与周围旅游开发项目合作运营，形成互为配套、相互导流的互促格局，满足游客感受乡土文化、山居生活和现代化潮玩融合一体的各种新奇体验，享受山、水、房等生态资源协同高效转化的硕果。这种"文旅融合"的发展思路，不仅延长了游客的停留时间，提高了消费水平，还带动了周边农副产品的销售和农民就业。

63 岁的村民林水美过去赋闲在家，如今成为"西坡江山"民宿的做饭阿姨，她家也成为游客经常上门光顾的地方。"冬笋卖到 12 元一斤，土鸡蛋卖到 2.5 元一个，咱家中的土货都卖空了！"[①]林水美的经历生动反映了夯土房活化对农民增收的多渠道带动效应。

在品牌建设方面，江山市"两山合作社"做大"衢州有礼·江郎阒里"区域民宿公用品牌，结合村庄风貌特色，植入文化元素，培育村域特色民宿品牌，打造"一村一特色、一家一主题"的良好生态，改变农村民宿"价格低端化、品质粗放化、服务薄弱化"的现状。赖雪芸的民宿在旅游高峰期时，满房率能达到 80%，她的未来

---

① 资料来源：土房变"金屋"山水皆文章——浙江江山"两山合作社"盘活夯土房特色生态资源，http://journal.crnews.net/ncgztxcs/2024/dyq/yxlf/960081_20240105085114.html。

规划是"把云七谷这一带打造成一个民宿集聚群，希望高端民宿会更多一点。"① 这种品牌化、集群化的发展路径，有效提升了江山市民宿的市场竞争力和溢价能力。

金融创新为江山市夯土房活化提供了资金保障。2022 年 11 月，江山市"两山合作社"与浙江省国际贸易集团有限公司（简称浙江省国贸集团）共同出资成立国之贸产业基金，基金总规模为 1 亿元，双方分别认缴 1000 万元和 9000 万元，成为江山市首支"两山"转化领域产业基金。为保障资金精准高效利用，该基金采用完全市场化的运作模式，由浙江省国贸集团代表与江山市代表组成 3 人投决会，负责基金管理和决策。"两山"转化项目经筛选后，由投决会对项目市场前景、预期回报和实施方案等进行综合评估后，根据结果进行最终决策和资金安排。截至 2022 年 11 月，该基金已完成一笔 9000 万元的投资，年固定收益率为 12.5%，每年可产生 1100 余万元的收益。② 该产业基金的建立，有利于解决生态资源开发前期投入大、回收周期长的问题，为夯土房等生态资源的活化利用提供了可持续的资金来源。

---

① 资料来源：土房变"金屋" 山水皆文章——浙江江山"两山合作社"盘活夯土房特色生态资源，http://journal.crnews.net/ncgztxcs/2024/dyq/yxlf/960081_20240105085114.html。

② 资料来源：江山成立"两山"转化领域产业基金，https://qzrb.qz828.com/html/2022–11/22/content_3292_7001352.htm。

截至 2024 年初，江山市"两山合作社"已开发运营民宿 11 家，新增各类营业收入 3000 多万元，新增就业岗位 120 多个。[①] 村民不仅可以通过夯土房租金获得财产性收入，还可领取相应的利息和分红，并参与到生态旅游服务产业链中获得工资性收入。江山市"两山合作社"的实践证明，通过系统性制度设计和市场化运作机制，传统建筑遗产完全能够转化为推动乡村振兴的"金色资产"，实现文化传承、生态保护与经济发展的多赢局面。

① 资料来源：土房变"金屋" 山水皆文章——浙江江山"两山合作社"盘活夯土房特色生态资源，http://journal.crnews.net/ncgztxcs/2024/dyq/yxlf/960081_20240105085114.html。

第四节　龙游县：产权改革
与金融赋能

　　龙游县位于衢州市西部，地处金衢盆地中部。作为浙江省重要的农业县和生态县，龙游县拥有丰富的耕地、林地和水资源，但也面临着生态资源"碎片化""低效化"和"闲置化"等问题。近年来，龙游县以"两山合作社"为平台，从"产权""金融""共富"三方面着手，通过产权变革、融资增信、产业配套，实现资源盘活、资金转化和资产增值，拓宽"两山"转化通道。截至2024年7月，龙游县"两山合作社"已投资美丽牧场养殖小区、渔光互补等项目 17 个，总投资为 10.5 亿元，为 164 个村集体带来 6400 万元的年收益。①

产权改革是龙游县"两山合作社"破解资源盘活难题的关键突破口。长期以来，农村土地经营权流转面临产权界定不清、地块分散、边界争议等障碍。针对这些问题，龙游县采取了三大创新举措。一是贯通数据，实现集中管理。打破农业农村、林业水利、资源规划等多部门信息壁垒，将耕地、林地、山塘水库等生态资源的图斑、证书、承包合同等各类数据归集至不动产登记信息管理平台，实现不动产统一登记与土地承包合同管理成果共享。截至 2024 年 7 月，已整合林权、农村土地经营权等相关数据约 25.4 万条，地块约 40 万宗。这一数据整合工作为生态资源的统一管理和高效流转奠定了基础。二是统一定调，推行整片测量。根据生态开发"标准地"后续植入项目建设需要，由"两山合作社"牵头，以整片地块为单位重新开展土地测量。测量结果作为土地经营权证红线范围，避免流转过程中各区权属地块间的边界争议。截至 2024 年 7 月，已完成生态开发"标准地"测量 7 块，面积为 775.7 亩。这种"化零为整"的测量方法，

① 资料来源：浙江龙游："两山合作社"架起生态价值转化桥，https://www.crnews.net/zl/gg/964327_20240701014923.html。

有效解决了地块碎片化导致的开发成本高、效率低等问题。三是打破壁垒，疏通入市堵点。龙游县创新性地打破了以往农村土地经营权流转需收回农户承包经营权证的前置壁垒，以"两山合作社"与村集体签订的土地经营权流转合同、测绘报告、村"两委"会议纪要等作为颁证申请材料，实现"一块'标准地'、一本不动产权证书"。这一产权制度改革，大大简化了土地经营权流转程序，提高了资源配置效率。

金融赋能是龙游县"两山合作社"推动生态资源价值实现的另一个重要抓手。针对生态项目融资难、启动资金不足的问题，龙游县采取了多管齐下的策略。一是精心谋划，提升增值空间。立足本地资源禀赋，聚焦水库流转、林地开发、田园综合体、渔光互补等发展方向，通过政策引导和专家论证，精准谋划产业项目。截至2024年7月，已谋划粮油种植、中草药种植、高山蔬菜种植等生态农业项目9个，农文旅综合田园体项目2个，渔光互补项目3个。① 这种"规划先行"的做法，提高了项目的可行性和投资吸引力。二是金融支持，争取启动资金。开展绿色金融创新，对接国家开发银行（简称国

---

① 资料来源：浙江龙游："两山合作社"架起生态价值转化桥，https://www.crnews.net/zl/gg/964327_20240701014923.html。

开行）、中国农业发展银行（简称农发行）等政策性金融机构，通过农村土地经营权抵押、林权抵押、项目贷、乡村振兴贷等方式开展融资合作。截至 2024 年 7 月，生态开发"标准地"及"现代农业产业园建设项目"已获农发行授信 9.8 亿元，另有 2 个项目正在进行融资对接中。[①] 这些金融支持，有效缓解了生态项目初期投入大、回报周期长的资金压力。三是资本助力，激发产业活力。选取生态开发"标准地"优质项目，建立招商项目信息库，精准筛选一批央企、国企和大型民企作为重点对接对象，引导社会资本流向生态项目，形成产业链良性循环。截至 2024 年 7 月，龙游县已成功引进正大集团、温氏集团、中国三峡新能源等投资方，带动社会资本达 11.7 亿元。[②] 这些行业领军企业的入驻，不仅带来了资金，还引入了先进技术和管理经验，提升了生态项目的运营水平和市场竞争力。

士元茶场新村项目是龙游县"两山合作社"推动共富发展的典型案例。该项目采取"国企＋民企＋村集体经济"共建共管共享模式："两山合作社"负责通路、

① 资料来源：浙江龙游："两山合作社"架起生态价值转化桥，https://www.crnews.net/zl/gg/964327_20240701014923.html。
② 资料来源：浙江龙游："两山合作社"架起生态价值转化桥，https://www.crnews.net/zl/gg/964327_20240701014923.html。

通电、通水等基础设施和公用设施配套,企业负责标准化、市场化运营,提升资源配置效率。具体而言,龙游县"两山合作社"流转士元茶场新村约 42 亩土地建成标准化养殖小区,配建屋顶光伏发电站,引入温氏集团开展"产供销"一体化服务,参与养殖的 11 户农户每年可增收 20 万元以上。[①]这种分工协作的模式,充分发挥了各方优势,提高了资源配置效率。

在利益分配机制上,龙游县建立了生态共富分红机制,每年根据项目利润按比例分红返还村集体,通过增加就业、固定租金、集体分红等方式富民强村。例如,士元实验区全域土地综合整治与生态修复"标准地"项目带动农村就业岗位 500 余个;士元茶场新村通过屋顶出租光伏发电可获得固定租金,村集体每年可获得租金及发电收益约 184 万元;湖镇镇"两山合作社"分社与 23 个村集体签订投资协议,村集体以坑塘、房屋屋顶等闲置资源资产入股光伏新能源项目,每村每年可获得分红 2.5 万元至 4.2 万元。[②]这种多元化的收益分配方式,使生态增值收益能够惠及广大农民。

---

① 资料来源:浙江龙游:"两山合作社"架起生态价值转化桥,https://www.crnews.net/zl/gg/964327_20240701014923.html。
② 资料来源:浙江龙游:"两山合作社"架起生态价值转化桥,https://www.crnews.net/zl/gg/964327_20240701014923.html。

第五节　衢江区：文化IP驱动下的老街复兴

　　衢江区地处钱塘江上游，是衢州市的重要组成部分。衢江区虽然拥有丰富的自然景观和人文资源，但也面临着生态资源"低效利用"和"价值难显"的困境。近年来，衢江区"两山合作社"以文旅融合为切入点，通过盘活老街、古村等文化生态资源，打造了一批具有示范效应的文旅项目，探索出了一条"生态为基、文化为魂、产业为体"的生态产品价值实现路径。其中，杜泽老街的活化改造尤为典型，成为衢江区"两山合作社"的典型实践范例。

杜泽老街拥有悠久的历史,曾是衢北重要的商贸集散地,但随着时代变迁,逐渐衰落破败。2019年,杜泽老街经改造提升后成为远近闻名的网红街。然而,如何让网红街维持长久人气,保证长远发展,成为摆在当地政府面前的新课题。衢江区"两山合作社"通过资源归集、业态升级和IP打造三大策略,使这条传统老街焕发出新的生机与活力。

在资源归集方面,衢江区"两山合作社"在杜泽老街上收了50余间闲置农房,租金三年一付,一年40万元。[①]这种集中收储的方式,解决了产权分散导致的开发难题,为老街的整体规划和业态升级创造了条件。

业态升级是杜泽老街活化的核心内容。衢江区"两山合作社"杜泽老街运营团队负责人宦珠介绍:"收来的民房,我们引入汉服馆、国学馆、直播馆、民宿等年轻化的新业态,同时挖掘小吃博物馆、箍桶、制杆秤等传统项目的文创价值。"[②]这种"传统与现代交融"的业态布局,既保留了老街的历史韵味,又注入了现代生活

---

① 资料来源:是老网红,也是新IP 记者蹲点衢州"两山合作社"感受乡村发展新活力,https://baijiahao.baidu.com/s?id=1753235132771244270&wfr=spider&for=pc。
② 资料来源:是老网红,也是新IP 记者蹲点衢州"两山合作社"感受乡村发展新活力,https://baijiahao.baidu.com/s?id=1753235132771244270&wfr=spider&for=pc。

元素，满足了不同年龄段游客的多样化需求。宦珠强调："重点是要做活。"在这种理念指导下，杜泽老街从单纯的观光景点转变为集文化体验、美食品鉴、休闲娱乐于一体的综合性文旅目的地。

IP 打造是衢江区"两山合作社"提升杜泽老街吸引力的创新之举。运营团队基于当地手工木桶、杆秤、手工面、蒸笼的传统制作工艺，打造了"一桶和气""称心如意""一面之缘""蒸蒸日上"4 个老街新 IP。这些 IP 既承载着传统工艺的文化内涵，又赋予了现代审美和实用价值，成为老街的"文化符号"和"流量密码"。77 岁的老木匠江元兴是"一桶和气"的制作者，衢江区"两山合作社"为他免费提供了沿街的店铺，并策划文案，提升传统产品的文化内涵，再通过短视频等流量渠道传播。据了解，江元兴一年可以卖出 100 余个大大小小的"一桶和气"。宦珠评价道："这是街上的老网红，也是新 IP。"①

数字化营销是杜泽老街保持热度的关键手段。每个周六上午 9 时 30 分，衢江区"两山合作社"驻杜泽老街的运营人员张晓丽都会准时在抖音开启直播，介绍杜

---

① 资料来源：是老网红，也是新 IP 记者蹲点衢州"两山合作社"感受乡村发展新活力，https://baijiahao.baidu.com/s?id=1753235132771244270&wfr=spider&for=pc。

泽老街的特色产品和传统文化。她表示："具有乡村特色的老工艺，在城里已不多见，我们用它打造新的乡土IP，形成老街持久吸引力。"[1] 在杜泽老街的抖音号中，最高单条短视频播放量超过 160 万次。张晓丽直播的素材信手拈来，随时出炉的糕点、现场编制的竹帚，都是原生态的素材。游客用脚步丈量老街，手机另一端的粉丝跟着张晓丽的步伐"云游览"。这种线上线下相结合的营销模式，大大拓展了老街的影响力和客源市场。

杜泽老街的活化带来了显著的社会经济效益。开街以来，日游客量最高时达 6 万余人次，带动周边 1000 余名村民就业，形成独具老街特色的"共富工坊"。[2] 传统手工艺人通过 IP 打造和流量赋能，大幅提升了产品附加值和销售量；当地农民通过参与旅游服务、销售农特产品，收入水平明显提高；村集体通过资产出租和项目分红，获得了稳定的经营性收入。

在节庆运营方面，衢江区"两山合作社"注重挖掘传统民俗的文化价值和市场价值。冬至夜是衢州农村重要的民俗节日，也是老街切换到春节时间的标志。运营

---

① 资料来源：是老网红，也是新 IP 记者蹲点衢州"两山合作社"感受乡村发展新活力，https://baijiahao.baidu.com/s?id=1753235132771244270&wfr=spider&for=pc。
② 资料来源：是老网红，也是新 IP 记者蹲点衢州"两山合作社"感受乡村发展新活力，https://baijiahao.baidu.com/s?id=1753235132771244270&wfr=spider&for=pc。

团队抓住这一节点，策划了系列主题活动——沿街的店铺挂出红灯笼售卖，"杜泽老街"的抖音号更新了一条写对联的短视频。宦珠表示："接下去的拍摄主题是年味，欢迎大家来杜泽寻访传统年味。"① 这种"以节促游"的运营策略，不仅丰富了游客体验，还强化了老街的文化特色和市场辨识度。

衢江区"两山合作社"的实践表明，文化生态资源的价值实现需要系统性创新：在资源层面，通过集中收储解决产权分散问题；在业态层面，通过传统与现代融合满足多元需求；在营销层面，通过IP打造和数字化传播提升影响力；在运营层面，通过节庆活动和常态管理保持热度。杜泽老街项目成功的关键在于，不是简单地进行物理空间改造，而是通过内容植入、业态升级和运营创新，实现了文化生态资源的价值重构和效能提升。

与常山县、江山市、龙游县的"两山合作社"实践相比，衢江区的特色在于更加注重文化要素在生态产品价值实现中的作用。通过挖掘传统文化内涵，打造特色文化IP，赋予生态资源文化灵魂，从而提升其市场价值和吸引力。这种"生态打底、文化铸魂、旅游呈现"的

① 资料来源：是老网红，也是新IP 记者蹲点衢州"两山合作社"感受乡村发展新活力，https://baijiahao.baidu.com/s?id=1753235132771244270&wfr=spider&for=pc。

发展路径，为生态文化资源丰富但经济发展相对滞后的
地区提供了可借鉴的经验。

当然，衢江区"两山合作社"的文旅融合实践也面
临一些挑战，如传统文化与现代消费如何更好衔接、网
红景点如何保持持久生命力、投资收益如何平衡等。未
来，衢江区"两山合作社"需要在产品迭代、服务提升、
管理创新等方面持续探索，推动文旅融合从"流量经济"
向"质量经济"升级，真正实现生态文化资源的可持续
利用和价值最大化。

第六节　经验启示与未来展望

　　衢州市作为浙江省"两山"理念实践的重要示范区，通过"两山合作社"这一创新模式，在生态产品价值实现机制上取得了显著成效。从常山县的碳汇交易与胡柚产业整合，到江山市的夯土房活化与产业基金设立，再到龙游县的产权改革与金融赋能，以及衢江区的文旅融合与老街复兴，各地的"两山合作社"探索出了一条条各具特色但又内在统一的生态富民路径。系统总结这些创新实践的经验启示，对于完善生态产品价值实现机制、推动山区共同富裕具有重要意义。

制度创新是衢州市"两山合作社"成功的基础。纵观衢州各地的实践，无一不是从体制机制改革入手，突破生态资源开发利用的瓶颈。江山市出台的夯土房资源"6+1"管理制度，龙游县推动的土地经营权确权登记改革，都是制度创新的典型代表。这些制度设计具有三个共同特点：一是注重系统性，不是单点突破而是整体推进；二是强调操作性，不仅有原则规定还有具体流程；三是体现惠民性，确保生态增值收益向农民倾斜。实践证明，只有通过系统性制度创新，才能解决生态资源"所有权虚置、经营权受限、收益权模糊"等深层次问题，为生态产品价值实现扫清制度障碍。

数字化赋能是衢州市"两山合作社"的显著特征。例如，常山县打造的"常山生态云脑"数智平台，打通了12个部门1000多个数据项，实现了生态资源"一图感知"和全流程监管；龙游县建立的不动产登记信息管理平台，归集了25.4万条权属数据，破解了信息碎片化难题；衢江区利用抖音等新媒体平台进行文旅营销，单条短视频播放量超过160万次。这些数字化应用表明，现代信息技术能够有效降低生态资源管理的交易成本，提高资源配置效率，扩大市场辐射范围，是生态产品价值实现的"加速器"和"倍增器"。

市场化运作是衢州市"两山合作社"活力的源泉。与传统的行政主导模式不同，衢州市"两山合作社"普遍采用"政府搭台、市场运作、企业主体、农民参与"的运行模式。例如，江山市与浙江省国贸集团合作成立产业基金，按市场化原则筛选项目和配置资金；龙游县引入正大集团、温氏集团等市场主体投资生态项目，带动社会资本 11.7 亿元；常山县通过"生态贷""胡柚贷"等金融产品，让市场在生态资源配置中起决定性作用。这种市场化运作模式，既发挥了政府在规划引导、政策支持、公共服务等方面的作用，又充分调动了企业和社会资本的积极性，形成了生态产品价值实现的可持续动力机制。

利益联结是衢州市"两山合作社"惠民的根本。各地"两山合作社"都建立了形式多样的联农带农机制，确保农民共享生态增值收益。例如，常山县胡柚种植户通过入股分红，户均年增收 2 万多元；江山市夯土房农户通过资源储蓄和溢价分红，获得长期稳定的财产性收入；龙游县村民通过就业、租金、分红等多渠道增收，参与养殖的农户年增收 20 万元以上；衢江区杜泽老街带动 1000 余名村民就业，形成"共富工坊"。这些案例表明，只有建立公平合理的利益分配机制，让农民真正成为生态产品价值实现的参与者和受益者，"两山合作社"才能获得广泛的社会认同和持久的生命力。

产业融合是衢州市"两山合作社"发展的路径。各地"两山合作社"不是就生态谈生态，而是推动生态与农业、文旅、能源等产业深度融合，延伸价值链，提升附加值。例如，常山县将胡柚产业与碳汇交易结合，探索"生态＋农业＋金融"模式；江山市推行"山、水、房"协同转化，发展高端民宿集群；龙游县实施渔光互补项目，实现"光伏＋养殖"双重收益；衢江区打造传统文化 IP，推动"生态＋文化＋旅游"融合发展。这种产业融合发展的思路，打破了传统产业的边界和局限，创造了新的业态模式和盈利空间，为生态产品价值实现提供了多元路径。

尽管取得了显著成效，衢州市"两山合作社"的发展仍面临一些挑战。从实践看，主要存在四个方面的问题：一是部分生态资源产权界定比较难，特别是跨区域、跨部门的资源权属关系复杂；二是绿色金融工具还不够丰富，生态资源抵押融资的规模和范围有限；三是专业人才缺乏，特别是懂生态、懂市场、懂管理的复合型人才不足；四是风险防控机制有待完善，生态项目投资周期长、见效慢，市场风险和自然风险并存。这些问题需要在今后的实践中不断探索解决。

衢州市"两山合作社"的实践表明，"绿水青山"就是"金山银山"，关键是要找到转化的桥梁和通道。通过系统性制度创新和市场化运作机制，完全能够将生态优势转化为经济优势和发展优势，走出一条生态保护与经济发展相互促进、相得益彰的新路子。衢州市"两山合作社"的生动实践不仅为浙江省山区 26 县实现共同富裕提供了经验借鉴，也为全国生态产品价值实现机制创新贡献了"衢州方案"。随着实践的深入和理论的完善，"两山合作社"这一创新模式必将展现出更强大的生命力和更广阔的应用前景。

第四章

省内其他地区的
创新探索与实践

在探索生态产品价值实现机制的过程中，省内其他地区也涌现出了许多独具特色的创新实践。本章以安吉县、南浔区、云和县、长兴县和仙居县为例，展现了各地如何通过"两山合作社"平台，将生态资源转化为经济价值。从竹林碳汇交易到柑橘产业振兴，从梯田复兴到鱼塘循环改造，再到区域公用品牌打造，这些案例不仅体现了政府引导与市场运作的有机结合，也为全国提供了可复制的生态富民路径。通过科技赋能、资源整合和利益共享，浙江正走出一条生态保护与经济发展协同共进的新路子。

第一节　安吉县：生态资源的全链条转化

　　作为"两山"理念的诞生地，安吉县在生态产品价值实现机制探索中始终走在前列。2020 年，安吉县以数字化改革为牵引，借鉴商业银行"分散化输入、集中式输出"模式，率先在全省开展"两山银行"（后改名"两山合作社"）建设，首次从全县域层面对零散的生态资源进行分类调查、规范确权、集中收储和特色转化，并在一系列探索中持续推动资源变资产、资产变资本、农民变股东，有效拓宽共同富裕的基层实践路径，构建起一张覆盖全域、高效集约的生态资源转化网络，全力打通资源变资产、资产变资本的"最后一公里"。

安吉县"两山合作社"的核心创新在于构建了生态资源全链条转化机制，包括资源摸底、统筹规划、流转储备、整合提升、招商运营、生态反哺六个环节。其中，在资源摸底环节，安吉县"两山合作社"利用卫星遥感、区块链等数字化手段开展全域生态资源调查，建立生态资源大数据系统，形成县域生态资源清单和产权清单。截至2023年7月，安吉县"两山合作社"已联通15个业务部门、11套数源系统，整合181项数据、289项资源图层，形成了以资源规划、生态环保、农业农村数源数据为基础，以生态产品价值核算为支撑的"生态资源管理应用一张图"。[①]

在资源运营方面，安吉县"两山合作社"通过租赁、入股、托管、赎买等形式集中收储闲置资源及低效开发项目，由经营公司对分散资源进行整合提升，形成集中连片的优质自然资源资产项目包，建成项目库。经营公司统一开展项目招引，发展现代农业、乡村旅游、健康

---

① 资料来源：安吉县两山合作社：促生态有"身价"，https://mp.weixin.qq.com/s?__biz=MzA5NzM0NjUwOA==&mid=2652265194&idx=2&sn=ff9d2de42435f572ac0c1551d02bd7ee&chksm=8af95094b27b32d78c9e36e582155f3c95f7bcf5c69875a51e18b40e3aefd88c8e1bff486ec3#rd。

养生、文化创意等新产业新业态，提高资源综合利用效益，并实现生态资源资产转化项目"8 + X"预评审，推动生态资源项目全生命周期闭环管理。截至 2023 年 7 月，安吉县"两山合作社"已成功转化文旅融合、闲置资源盘活等项目 22 个，吸引社会资本投资近 30 亿元。①

　　竹林碳汇交易是安吉县"两山合作社"最具标志性的创新实践。2021 年底，安吉县成立全国首个县级竹林碳汇收储交易平台——安吉两山竹林碳汇收储交易中心，构建了"林地流转—碳汇收储—平台交易—收益反哺"的全流程开发体系。例如，安吉县两山生态资源资产经营有限公司与全县 119 家股份制毛竹专业合作社合作，统一流转 84.3 万亩毛竹林 30 年的经营权，集中开展碳汇项目经营。首期完成竹林碳汇收储 14.24 万亩，合同总金额为 7230.79 万元，碳汇交易首期收益金的 70% 反哺给村级合作社。②截至 2024 年 10 月，全县共计分红 3 亿元，

---

① 　资料来源：安吉县两山合作社：促生态有"身价"，https://mp.weixin.qq.com/s?__biz=MzA5NzM0NjUwOA==&mid=2652265194&idx=2&sn=ff9d2de42435f572ac0c1551d02bd7ee&chksm=8af95094b27b32d78c9e36e582155f3c95f7bcf5c69875a51e18b40e3aefd88c8e1bff486ec3#rd。
② 　资料来源：安吉县两山合作社：促生态有"身价"，https://mp.weixin.qq.com/s?__biz=MzA5NzM0NjUwOA==&mid=2652265194&idx=2&sn=ff9d2de42435f572ac0c1551d02bd7ee&chksm=8af95094b27b32d78c9e36e582155f3c95f7bcf5c69875a51e18b40e3aefd88c8e1bff486ec3#rd。

惠及 119 个村集体、5.1 万户农户。① 这一创新实践实现了竹林碳汇"可度量、可抵押、可交易、可变现"，让毛竹林的生态调节服务价值得到高效转化，走出了从卖竹子到卖碳汇的竹产业发展新路子。

安吉县"两山合作社"还积极探索多元化生态产品价值实现路径。在物质供给类产品方面，重点打造"安吉白茶""安吉冬笋"等区域公用品牌；在调节服务类产品方面，个性化开发竹林碳汇、水权、排污权等调节服务类产品的生态权益价值；在文化服务方面，重点打造民宿村落、景区景点等文旅项目。特别值得一提的是，2024 年 3 月，安吉县完成了全国首单水土保持生态产品价值转化交易，通过交易，来自杭州的浙江绿郡龙山源旅游发展有限公司获得了安吉县章村镇石门坑生态清洁小流域中潭溪河垓村段的生态旅游资源六年经营权，河垓村由此获得了 600 余万元的经济收益，享受到了"绿水青山"带来的生态价值转化红利。

安吉模式的成功经验表明，生态产品价值实现需要政府主导、市场运作、科技支撑和全民参与的多方协同。安吉县通过"两山合作社"这一平台，将零散的生态资

---

① 资料来源：两山合作社里的致富经，https://mp.weixin.qq.com/s?__biz=MzIwNDIzNTg0NA==&mid=2650357592&idx=2&sn=e5d3487de7199ed183ee3ce70fadf39f&chksm=8eceaa73b9b92365b780594e581ae1af1f2c959b1cc6ad3c197eaf68ce5a22dd0322a8e2b394&scene=27。

源整合为优质资产包，引入社会资本和专业运营团队进行开发，同时建立合理的利益分配机制，让生态保护者切实受益，为全国其他地区的生态产品价值实现提供了可复制的样板。

第二节　南浔区："红美人"柑橘产业的振兴之路

　　湖州市南浔区地处浙江省北部杭嘉湖平原，素有"鱼米之乡"的美誉。作为现代农业产业大区，南浔区拥有"特色粮油""精品果蔬""生态湖羊"和"淡水渔都"四张金名片，是长三角地区的"菜篮子""果盘子"和"粮袋子"。

　　2019 年，南浔区练市镇引进了"红美人"柑橘这一橘橙类杂交品种，其外表与普通橘子相似，但皮薄娇嫩，肉质细腻，糖度较高，优于当时中国大部分柑橘品种，有橘中"爱马仕"之称。然而，这一优质品种在引入初期却遭遇了意想不到的发展困境。

"2019年，我们引进'红美人'柑橘，可因为缺技术、缺资金、缺渠道，反而成了滞销货。"南浔区练市镇种植户朱国泉回忆道。[①] 当时的"红美人"柑橘产业面临多重挑战：一是生产技术落后，农户缺乏科学的种植管理经验，导致果实品质不稳定；二是经营模式分散，小农户单打独斗，难以形成规模效应；三是销售渠道单一，主要依赖传统线下销售，市场拓展能力有限；四是产业链条短，缺乏深加工和品牌建设，产品附加值低。这些问题严重影响了"红美人"柑橘产业的健康发展，使得这一优质品种难以发挥其应有的市场价值。

面对这一局面，南浔区深刻认识到，必须创新体制机制，改变传统农业生产方式，才能突破产业发展瓶颈。2020年，南浔区成立"两山合作社"，在"红美人"柑橘产业振兴中发挥了关键作用。

一方面，南浔区"两山合作社"的组织架构和运行机制具有鲜明特点。翻看南浔区"两山合作社"试点工作领导小组成员单位清单，区发展改革和经济信息化局、

---

① 资料来源："两山合作社"推进生态富民，http://cpc.people.com.cn/n1/2024/0510/c64387-40232827.html。

区农业农村局、区商务局、区财政局等 10 多个部门均在列。"10 多个部门协同联动，保障了"两山合作社"相关工作的顺利推进。"南浔区发展改革和经济信息化局相关负责人表示。① 这种多部门协同机制打破了传统条块分割的行政壁垒，形成了政策合力，为生态产品价值实现提供了全方位的支持。各部门根据自身职能为"两山合作社"提供支撑：农业农村部门负责技术指导和品质管控，商务部门负责市场拓展和品牌推广，财政部门提供资金支持，形成了一套完整的服务体系。

另一方面，南浔区"两山合作社"的做法也值得借鉴和学习。具体来说，南浔区"两山合作社"联合湖州南浔强村富民发展集团有限公司（简称南浔强村富民集团），投资完善农业基础设施，打造现代化农业园区；对接南浔区农业农村局，引入农业物联网后台管理系统，并聘请专家队伍提供农技服务；依托南浔区商务局，搭建直播和跨境电商平台，拓宽柑橘销路。通过一系列举措，"龙头企业＋集体经济＋合作社＋农户"的种植管理模式逐渐形成，使"红美人"柑橘从滞销产品变为畅销品牌。此外，南浔区"两山合作社"还帮助当地果农与中柑所、

---

① 资料来源："两山合作社"推进生态富民，http://cpc.people.com.cn/n1/2024/0510/c64387-40232827.html。

浙柑所等多家科研院所开展合作，搭建农场数字化管理平台，提高农特产品加工转化率。2021年，依托"南浔知味"区域公用品牌渠道优势，当地柑橘又添了"浔甘甜"专属品牌，开发出柑橘冰激凌、巧克力等衍生产品，进一步延长了产品价值链。

南浔区"两山合作社"的实践表明，农产品价值提升是生态产品价值实现的重要内容。政府引导、市场运作、多方协同的模式，能够充分发挥各方优势，形成生态产品价值实现的强大合力。南浔区的做法为其他地区通过"两山合作社"促进农业高质量发展和农民共同富裕提供了有益借鉴。

第三节　云和县：梯田复兴与古村活化的双轮驱动

　　云和县位于丽水市中部，素有"九山半水半分田"之称，其核心资源——云和梯田距今已有千年历史，是华东地区规模最大的梯田群。然而，随着城镇化进程加速，云和县面临农村人口外流、耕地抛荒严重等挑战，2016年梯田抛荒率高达45%。面对这一困境，云和县"两山合作社"探索新模式，通过系统化收储、整合碎片化生态资源，成功实现了梯田生态系统的复兴与古村落的活化利用，走出了一条独具特色的生态产品价值实现路径。

梯田资源系统修复工程是云和县"两山合作社"的典型案例。针对梯田抛荒问题，云和县"两山合作社"统一收储碎片化、抛荒化耕地，以及周边闲置农房、林地等，开展集中整治、集中招商。截至 2023 年 12 月，云和县累计完成投资 20 亿元，并推动全县梯田系统修复 5000 余亩，使梯田抛荒率从 2016 年的 45% 降至 3.3%。[①]在修复过程中，"两山合作社"注重传统农耕文化保护，保留梯田原有的景观风貌和生态系统，同时引入现代农业技术，完善农田水利设施，实现生产功能与生态功能的平衡发展。完成修复的梯田由"两山合作社"统一对外招商，引入专业的农业经营主体进行水稻种植、油菜轮作等农事活动，既确保了耕地不抛荒，又创造了农业产值。

崇头镇坑根村的闲置农房改造项目是云和县"两山合作社"的典型案例之一。随着云和县"小县大城"发展战略不断深入，越来越多的村民搬出大山，选择在县城安居乐业，农村闲置农房日益增多。例如，村民周永东长期在外经营超市生意，家中的老房子一直闲置无人居住。随着云和梯田景区发展日渐红火，村两委与周永

---

① 资料来源：两山合作社，乡村振兴新角色，https://cs.zjol.com.cn/kzl/202312/t20231214_26514504.shtml。

东协商，将他家两层 300 多平方米的老房子流转至村集体进行统一收储，再由"两山合作社"引入专业运营团队改造成精品民宿。改造后的民宿既保留了夯土建筑的历史风貌，又融入了现代生活设施，成为景区内的网红打卡点。这一改造不仅使破旧老房焕发新生，还给周永东带来了每年 3 万余元的房租收益，实现了多方共赢。[①]

雾溪畲族乡坳头村的整村开发案例体现了云和县"两山合作社"对偏远村庄的资源整合能力。这个海拔较高、位置偏远的传统畲族村落，大部分村民已搬迁至县城。面对这个凝聚农耕智慧、具有深厚历史文化底蕴的传统古村落可能消失的危机，乡里将全村 23 宗闲置农房统一流转，整体出租给专业运营公司进行民宿项目包装经营。项目实施后，每年为村集体带来 8 万元收入，并提供数十个稳定的就业岗位。[②] 这一案例展示了"两山合作社"在盘活偏远地区"沉睡资产"方面的独特价值，为乡村振兴提供了新思路。

除闲置农房外，云和县"两山合作社"还大力开展森林资源的规模化收储工作。截至 2023 年 9 月，已完成

---

① 资料来源：云和做大"两山合作社"助推生态资源规模化变现，https://www.yunhe.gov.cn/art/2023/9/6/art_1229752775_59112598.html。

② 资料来源：云和做大"两山合作社"助推生态资源规模化变现，https://www.yunhe.gov.cn/art/2023/9/6/art_1229752775_59112598.html。

林地协议收储 14411 亩，其中防护林 11608 亩、商品用材林 2006 亩、经济林 797 亩。①

云和县"两山合作社"的创新实践取得了显著成效。随着梯田景区辐射效应不断释放，周边乡镇的闲置资源被盘活，实现了生态产品价值的"一子落而满盘活"。云和县"两山合作社"的经验表明，通过系统化收储和专业化运营，传统农业景观和乡村资源完全可以转化为具有市场竞争力的生态产品，实现生态保护与经济发展的双赢。

① 资料来源：云和做大"两山合作社"助推生态资源规模化变现，https://www.yunhe.gov.cn/art/2023/9/6/art_1229752775_59112598.html。

第四节　长兴县：鱼塘循环
改造与生态农业协同发展

　　作为湖州市的重要组成部分，长兴县在"两山合作社"的建设过程中探索出了一条独具特色的生态产品价值实现路径。长兴县"两山合作社"充分发挥桥梁纽带作用，创新构建"国有企业＋村集体＋农户"的合作模式，通过生态资源出让、租赁等交易形式，有效打破了生态资源转化壁垒，实现了生态资源的集约化利用和增值收益。

　　长兴县"两山合作社"最具代表性的创新实践是鱼塘循环改造项目。针对县域内分散的小鱼塘利用效率低下、经济效益不高等问题，长兴县"两山合作社"对全县零散鱼塘进行集中收储流转，统一实施高标准改造，创新推出"国有平台支持＋全产业链导入＋群众多元参与＋市场主体运营"的共建共享模式。具体做法是：由"两山合作社"牵头整合资源，与养殖大户合作打造"以渔育田、以田种花、以花养禽、以禽沃渔"的"四级循环养殖"特色基地，形成近千亩的良性物质循环绿色生态圈。这种模式不仅显著提升了养殖效率和产品品质，还使鱼塘租金提高了15%，带动农户增收120万元。此外，项目还引进浙江省淡水水产研究所和湖州师范学院的技术方法及先进养殖设备，有效降低了养殖成本，使水产质量得到显著提升，产量达到每亩4500斤至5000斤。①

长兴县"两山合作社"的实践取得了显著成效。长兴县通过"两山合作社"，将政府、经营主体、农户等各方连接起来，形成一个整体，有效破解了农业科技化水平低、村集体经济效益低等问题。此外，通过农业项目生态化发展，长兴县实现了农业小循环与生态大循环的无缝衔接，让原本低效、闲散的农田、鱼塘等生态资源实现了95%的市场转化，带动村集体获得了3600万

---

① 资料来源：两山合作社里的致富经，https://mp.weixin.qq.com/s?__biz=MzIwNDIzNTg0NA==&mid=2650357592&idx=2&sn=e5d3487de7199ed183ee3ce70fadf39f&chksm=8eceaa73b9b92365b780594e581ae1af1f2c959b1cc6ad3c197eaf68ce5a22dd0322a8e2b394&scene=27。

元的经济收入，促进灵活用工收入约为 42 万元。^①长兴县"两山合作社"的实践充分证明，通过科学的制度设计和市场化的运营机制，分散的生态资源完全可以转化为高质量发展的资本和优势。此外，建立科学的利益联结机制，保障农民和村集体在生态产品价值实现中的合理收益，是实现可持续发展的关键。

---

① 资料来源：拓宽"两山"转化新通道，探索多元化生态产品价值实现路径，https://mp.weixin.qq.com/s?__biz=MzI4MjA3Mzg0Ng==&mid=2651173049&idx=1&sn=b95010e261e692de925fbbc5565a2fe6&chksm=f1b6a04d537cf7c9d91692d7b51c9fa7e5d0d8c0a5806a6954d631d64397128f61e13aeb1c7c#rd。

第五节　仙居县：创建"神仙大农"区域公用品牌

作为典型的山区县，仙居县拥有丰富的生态资源和优质的农产品，但长期以来面临着"好产品卖不出好价格"的发展困境。为解决这一难题，仙居县创新性地通过"两山合作社"平台打造了"神仙大农"这一全区域、全品类、全产业链的农产品区域公用品牌，探索出了一条通过"生态美""产品优"推动"共同富"的新路径。本节，笔者将详细剖析仙居县的创新做法，展示其如何通过区域公用品牌建设实现生态产品价值转化，为山区县实现共同富裕提供可复制、可推广的实践经验。

一、背景与动因：山区农产品品牌化发展的现实需求

仙居县位于浙江省东南部，素有"八山一水一分田"之称，独特的地理环境和气候条件孕育了众多优质特色农产品。这里不仅有闻名全国的"仙居杨梅"，还有茶叶、高山大米、山茶油、竹制品等丰富多样的生态农产品。然而，在"神仙大农"品牌创建之前，仙居县的农产品面临着"多小散"的困境——虽然品类丰富，但普遍存在生产规模小、经营分散、市场竞争力弱等问题。

品牌缺失的制约效应在仙居县表现得尤为明显。当地农产品多以"散装"形式流向市场，缺乏议价能力，导致"优质不优价"的现象较为普遍。以仙居杨梅为例，虽然品质优良且已形成一定产业规模，但鲜果销售受季节和市场波动影响大，价格不稳定，农民收益难以保障。其他如蔬菜、中药材、茶叶等特色农产品，则因知名度低、产量有限而更难打开市场。这种状况不仅影响了农民增收，也影响了农业产业转型升级和乡村全面振兴。

面对这一局面，仙居县委、县政府深刻认识到：品牌化是山区农业现代化的重要路径，只有通过打造强有力的区域公用品牌，整合零散资源，提升产品附加值，

才能实现从"卖原料"向"卖品牌"的转变，真正将生态优势转化为经济优势。2021年底，仙居县启动了"神仙大农"区域公用品牌建设项目，将其作为加快特色农业产业发展、促进农旅深度融合的重要抓手和创建共同富裕示范区的关键载体。在品牌创建过程中，仙居县特别注重政府引导与市场运作的有机结合，不仅成立了以县委书记、县长为双组长的"神仙大农"区域公用品牌工作领导小组，统筹协调人、财、物等各类资源支持品牌建设，还依托县属国有企业成立浙江神仙大农农业发展有限公司（即仙居县"两山合作社"），专门负责品牌的运营与管理，确保品牌建设既有政府强力推动，又有市场化专业运作。这种"政府搭台、企业唱戏"的模式，为"神仙大农"品牌的快速成长奠定了坚实基础。

二、品牌创建与标准化体系建设

仙居县在打造"神仙大农"区域公用品牌过程中，首先着力解决品牌创建的基础性问题——标准化体系建设。针对山区农产品生产分散、标准不一的问题，"神仙大农"品牌构建了严格的品质管控体系和统一的产品标准，为品牌长远发展奠定了坚实基础。

在"神仙大农"品牌建立之初，仙居县构建了"六控"

质量监管体系，包括企业承诺"自控"、职能部门标准和技术指导"技控"、数字化平台"数控"、第三方检测"抽控"、产品专员全程跟踪"人控"以及属地乡镇、村委监管"组控"六个方面。通过这种全方位、多层次的监管机制，确保从田间到餐桌的每一个环节都符合品牌标准要求。特别值得注意的是，仙居县还建立了全过程溯源系统，初级农产品赋"浙农码"，加工品赋"浙食链码"，消费者扫码即可追溯产品全链条信息，实现"批批检测、样样赋码、件件扫码、时时追溯、事事倒查"的闭环管理体系。品牌实体门店还设有"快检室"，确保产品质量安全，提升品牌信誉和消费者对品牌的信任度。

在标准制定方面，仙居县编制了包括《神仙大农产品技术规程汇编》《神仙大农产品绿色标准汇编》《杨梅全产业链数字化标准》等在内的 100 多项农产品质量标准。这些标准规范了生产关键环节，消除了产品质量安全风险隐患，为品牌产品提供了明确的技术规范。截至 2024 年 11 月，"神仙大农"销售的所有产品均达到绿色农产品标准，县域范围内已筛选出绿色农产品基地，并建成 10 个品牌示范基地，为"神仙大农"品牌集中供应标准化产品。

品牌准入机制是保障"神仙大农"品质一致性的重

要制度设计。仙居县由县农业农村局、市场监管局等相关部门牵头，制定了品牌管理规则和配套扶持政策，明确了品牌授权使用的准入门槛，对品牌使用许可、申报程序、品牌使用人权利义务等内容作出了严格规定。只有符合标准的产品才能使用"神仙大农"品牌标识，这种严格的准入机制既维护了品牌形象，也倒逼农业生产者提升产品质量。

此外，"神仙大农"采取了"母子"品牌联动运营的策略，与聚仙庄杨梅、仙青茶叶等农产品优势品牌合作，统一以"神仙大农"品牌推广销售，提升品牌影响力。这种品牌策略既保证了区域公用品牌的统一性，又尊重了不同产品的特色，实现了品牌资源的优化配置。值得一提的是，仙居县邀请了钱前、喻景权、胡培松、宋宝安等院士专家助力品牌建设，推广应用农业新技术和新成果，提升产品溢价能力。例如，钱前院士团队选育的杨丰山大米（嘉禾优 7245），零售价从每斤 3 元提高到 8 元，2023 年共销售 65 万斤，增收 370 万元。[①]

[①] 资料来源：浙江仙居——"神仙大农"农产品区域公用品牌塑造与传播案例荣获"文旅好品牌"年度县域及乡村振兴品牌优秀案例，https://i.ifeng.com/c/8eh4LyB4FL9。

三、运营机制创新与市场化探索

仙居县在品牌运营机制上进行了大胆创新，形成了多方协同模式，有效整合各类资源，激发市场活力。这种运营机制的创新是"神仙大农"品牌能够快速发展的关键因素。

双主体运营架构是"神仙大农"品牌运营的核心特色。浙江神仙大农农业发展有限公司利用国企优势，主要在供应链资金保障、前瞻性产品创新研发、传播及渠道资源整合等方面发力，以弥补大多数农业生产主体的短板。民营企业浙江兆丰年文化产业发展有限公司作为品牌运营团队，则利用专业优势，设计新产品，开展营销活动，联动外部资源。这种分工既确保了品牌的稳健发展，又保持了市场活力。

在销售渠道建设上，"神仙大农"打造以直播带货、网上农博等新零售为主、线上线下联动的新型产品网络营销体系，积极拥抱网红经济。线上渠道方面，在抖音、淘宝、天猫三端同步布局，并完成了在网易严选、芭芭农场、中石化易捷加油等平台的入驻工作。线下渠道方面，开设了仙居县"神仙大农"白塔旗舰店、杭州山海共富农优窗口仙居神仙大农馆等4家实体店和5个专柜。特别值得一提的是，截至 2024 年 11 月，在省市各级部门的支持下，"神仙大农"开展了 21 场政府专场展销活动，成功纳入省市各单位采购清单，并连续登上浙江省第一批、第二批共富农产品名单，并与浙江省政府、省税务系统、省建工集团、省烟草局和台州市政府等单位开展合作。①

爆品策略是"神仙大农"品牌快速打开市场的关键战术。品牌运营团队经过深入调研，选择从最具代表性的仙居杨梅入手，对传统杨梅汁产品进行全面升级改造，打造系列产品："梅烦恼""梅焦虑""梅遗憾""梅心事"……这个系列产品从包装到配方都进行了创新：大玻璃瓶装改为塑料小罐装，便于运输和携带；调试最佳酸甜比，简化配料表，只保留水、杨梅汁、白砂糖和紫苏汁，更符合健康消费趋势；融入文创设计，增强产品的情感价值和社交属性。产品一经推出便大获成功，创下当月销售 3.8 万瓶的佳绩，后续累计销量更是突破了 100 万瓶。这款爆品的成功不仅提升了"神仙大农"的品牌知名度，还带动其他产品实现了数百万元的销售额。

在供应链管理方面，"神仙大农"面对初创品牌资

---

① 资料来源：浙江仙居——"神仙大农"农产品区域公用品牌塑造与传播案例荣获"文旅好品牌"年度县域及乡村振兴品牌优秀案例，https://i.ifeng.com/c/8eh4LyB4FL9。

源有限的现实，采取了灵活务实的策略。针对在地深加工产业链有限的问题，品牌运营团队通过把控品牌标准和原料来源，探索"借鸡下蛋"模式，借力外部深加工供应链。针对在地仓储及物流中转能力薄弱的问题，则采用标准化流程的第三方云仓服务，保证发货时效、降低售后风险。同时，品牌运营团队特别注重与年轻"农创客"群体的合作，这些人虽然处于起步阶段，但年纪轻、思路活，更容易接受品牌化运营思路。例如，"95后"创业者杨馥玮的浙江梅缘农业开发有限公司，就是紫苏杨梅汁改造方案的重要实施主体。

在品牌传播方面，"神仙大农"采取了多元化营销策略，不仅积极参加国家级、省级、市级展会，展示品牌核心产品，提升品牌知名度，还结合地方特色活动如杨梅节等进行品牌推广，提升曝光度。在媒体传播上，既利用官方抖音号、公众号、小红书、微博等自媒体平台进行常态化宣传，也通过央视移动视频网、人民日报、浙江新闻网等主流媒体进行报道，并通过高速收费站广告、高铁宣传等方式扩大品牌影响。此外，"神仙大农"还从区位价值、生态价值、差异价值、文化价值、物产价值五个方面提炼仙居县农产品的独特价值，形成"仙踪秘境，如画江南；仙山仙水，世外桃源；仙气升腾，山间小气候；仙风道韵，万年农耕；仙人同醉，自然珍品"的品牌价值支撑体系，增强了文化感染力。

四、成效评估

经过数年时间的发展，"神仙大农"区域公用品牌已经成为仙居县生态产品价值实现的成功典范，不仅在经济效益上取得了显著成效，也为山区县实现共同富裕探索出了一条可复制、可推广的新路径。

从经济指标看，截至 2023 年 11 月，"神仙大农"全品类销售额达 13.9 亿元，主要农产品平均收购价提升 20% 至 150%；覆盖全县农业从业人数 80%，解决本地 10 万农户就业增收问题，促进农户户均增收 2.32 万元。[1]特别值得一提的是，在品牌带动下，仙居杨梅全产业链产值超过 40 亿元，成为当地最大的农业特色主导产业。2023 年，仙居杨梅不仅在甘肃酒泉"安家"，还搭乘神舟十六号"上天"育种，品牌影响力不断扩大。

从社会效益看，"神仙大农"品牌有力促进了城乡协调发展。2023 年三季度，仙居县农村居民人均可支配收

---

[1] 资料来源：仙居县神仙大农打造县域富民新路，https://fgw.zjtz.gov.cn/art/2023/11/30/art_1229616052_58825614.html。

入增速达 7%，居台州市前列；城乡居民可支配收入倍差缩小至 1.748，居浙江省山区县前列。① 品牌通过提升农业组织化程度和产业化水平，有效破解了山区"小农户"对接"大市场"的难题，为缩小城乡差距作出了实质性贡献。

在品牌影响力方面，"神仙大农"获得了广泛认可。品牌相关经验做法先后入选《浙里共富》、浙江省营商环境优化提升"最佳实践案例"及全省服务业高质量发展典型案例，浙江神仙大农农业发展有限公司入选第一批浙江省共同富裕实践观察点。"神仙大农"山茶油、冰杨梅果蔬汁等产品入选浙江省第一批"263 共富农产品"。此外，品牌还荣获农业农村部 2022 年全国智慧农业建设优秀案例、中国改革 2022 年度地方全面深化改革典型案例。《人民日报》等主流媒体多次报道"神仙大农"的创新实践，品牌的知名度和美誉度不断提升。

展望未来，"神仙大农"品牌将朝着"生态美""产品优""共同富"的目标，进一步优化运营机制，提升产品品质，扩大市场影响，不仅为仙居县高质量发展、建设共同富裕示范区山区样板提供更有力的支持，也为其他地区生态产品价值实现提供宝贵经验。

① 资料来源：喜报："神仙大农"入选全省最佳实践案例！http://www.zjxj.gov.cn/art/2023/11/9/art_1597629_58994013.html。

第五章

实践成效与多维价值

作为践行"绿水青山就是金山银山"理念的创新实践平台，浙江省"两山合作社"通过整合碎片化生态资源、搭建市场化运营平台、创新利益联结机制等方式，成功探索出了一条生态优先、绿色发展的新路径。本章，笔者将从生态效应、经济效应、社会效应及文化效应四个维度，系统分析浙江省"两山合作社"的实践成效与多维价值，以期为全国生态产品价值实现提供可复制、可推广的浙江经验。

第一节　生态效应：环境保护
与资源高效利用的双赢

　　浙江省"两山合作社"的广泛实践，对区域生态环境产生了深远且积极的影响。通过系统性的生态保护修复与资源高效利用机制，"两山合作社"不仅改善了生态环境质量，还显著提升了各类生态系统的服务功能，为"绿水青山"向"金山银山"的转化奠定了坚实的自然基础。本节，笔者将从生态系统修复、环境质量改善以及生物多样性保护三个维度，全面分析"两山合作社"的生态效应。

一、生态系统修复

"两山合作社"通过系统性规划和整体性保护，有效解决了生态资源碎片化、低效化问题。在传统模式下，分散的生态资源难以形成规模效益，且保护责任主体不明，导致许多优质生态资源处于闲置或退化状态。"两山合作社"创新性地将零星分散的山、水、林、田、湖、房等资源集中收储、统一管理，实施整体保护和系统修复。这种"化零为整"的资源整合方式，大幅提高了生态修复的效率和效果。

"两山合作社"还推动了生态修复与产业导入的有机结合。不同于传统的单纯保护式修复，"两山合作社"在生态修复过程中同步考虑后续的产业化利用，确保修复后的生态系统能够持续产生经济价值。例如，对碎片化耕地的整治和闲置农地的生态化改造，不仅提升了土地质量，还为发展生态农业、休闲旅游等产业创造了条件。这种"修复—保护—利用"的良性循环机制，使生态系统的自我维持能力和服务功能得到显著增强。

二、环境质量改善

"两山合作社"在环境污染治理方面发挥了重要作用。例如，"两山合作社"不仅通过推动农业生产方式绿色转型，减少农业面源污染，还通过整合乡村环境治理资源，提升生活垃圾和污水的处理效率。在部分试点地区，"两山合作社"引入环保酵素技术应用于农业生产和乡村治理，有效降低了农业化学品使用量，改善了土壤和水环境质量。这种将生态治理与产业发展相结合的模式，不仅解决了环境问题，还创造了新的经济增长点。

在水环境治理领域，"两山合作社"通过河道清理、生态驳岸建设等项目，显著改善了水环境。同时，通过建立水资源有偿使用和生态补偿机制，促进水资源节约集约利用。值得关注的是，"两山合作社"还探索将水环境治理成果转化为可交易的生态产品，如通过水质提升创造的水生态产品价值，为持续的环境治理提供资金保障。

三、生物多样性保护

生物多样性保护是"两山合作社"生态效应的另一重要体现。在生态资源整合基础上，"两山合作社"通过实施系统性生态修复工程，为各类野生动植物提供了更加适宜的栖息环境。特别是在森林、湿地等重要生态区域，"两山合作社"推动的修复项目有效扩大了野生动植物生存空间，提升了生态系统稳定性。这种保护不仅维护了生态平衡，也为发展生态旅游、自然教育等产业创造了条件，实现了保护与利用的有机统一。

第二节 经济效应：从资源盘活到产业升级

作为一种创新的资源整合与价值实现平台，"两山合作社"通过市场化机制激活了沉睡的生态资源，创造了可观的经济价值。本节，笔者将从产业结构优化与转型升级、农民收入增长与就业机会创造、集体经济壮大与资源配置优化以及金融创新支持与资本要素激活四个方面，深入分析"两山合作社"的经济效应。

一、产业结构优化与转型升级

"两山合作社"通过资源整合与产业导入，有效促进了乡村产业结构的高级化与多元化。传统乡村产业往往面临资源分散、规模小、附加值低的困境，难以形成竞争优势。"两山合作社"创新"生态开发标准地"模式，将零星分散的生态资源打包成具有一定规模的"资源包"，吸引优质市场主体参与开发。这种模式打破了传统小农经济的局限，为乡村产业规模化、标准化、品牌化发展创造了条件。

在产业选择上，"两山合作社"注重生态产业化与产业生态化的协同推进。一方面，将优质生态资源转化为生态农业、生态旅游、健康养生等绿色产业；另一方面，推动传统产业绿色化改造，减少资源消耗和环境污染。例如，部分"两山合作社"通过推广酵素生态农业技术，既提高了农产品品质和附加值，又减少了化肥农药使用，实现了经济效益与生态效益的双赢。这种"生态＋"产业发展模式，促进了乡村产业从资源消耗型向生态友好型转变。

"两山合作社"还通过产业链延伸与价值提升，破解了农产品附加值低的难题。传统农业生产往往停留在初级产品阶段，利润空间有限。"两山合作社"通过建立区域公用品牌、发展农产品精深加工、拓展销售渠道等方式，有效延长了产业链条，提高了产品附加值。部分地区还开发出系列衍生产品，如柑橘冰激凌、巧克力等，进一步增加了产业收益。这种全产业链开发的模式，显著提升了生态产品的市场竞争力。

二、农民收入增长与就业机会创造

"两山合作社"通过多元利益联结机制，确保了农民能够充分分享生态产品价值实现的收益。与传统合作社不同，"两山合作社"创新设计了"租金＋薪金＋股金"的复合收益模式，使农民能够通过资源流转、就地就业和经营分红等多种方式获得收入。以安吉县为例，当地探索的"两入股三收益"农民利益联结机制，带动全县村集体年均增收65万元、农户年均增收6700元以上。这种多元化的收入结构，有效增强了农民抵御市场风险的能力。

在就业机会创造方面，"两山合作社"通过产业发展带动了餐饮、住宿、旅游服务等关联行业的就业增长。生态旅游、文化体验等新兴业态的发展，不仅为当地居民提供了更多就业岗位，还吸引了一批年轻人返乡创业。特别值得关注的是，"两山合作社"推动的产业项目往往具有劳动密集型特点，能够吸纳不同技能水平的劳动力，包括中老年人和妇女等就业困难群体，从而实现了更具包容性的经济增长。

"两山合作社"还通过技能培训与能力建设，提升了农民参与现代产业的能力。传统农民往往缺乏市场经营和现代生产技术知识，限制了其增收空间。部分"两山合作社"在实践过程中联合农业科研院所和技术推广部门，为农户提供技术指导和培训服务，帮助他们掌握生态种植、产品加工、电商销售等新技能。这种"扶智"与"扶技"相结合的方式，从根本上增强了农民的自我发展能力。

三、集体经济壮大与资源配置优化

"两山合作社"作为集体经济发展的新引擎，有效破解了村集体经济薄弱的问题。通过盘活村集体所有的山林、水域、闲置房屋等资源，"两山合作社"为村集体创造了稳定的收入来源。在一些试点地区，村集体通过资源入股、资产租赁、合作经营等方式，年收入实现数倍增长。集体经济的壮大，不仅增强了基层组织服务群众的能力，也为乡村公共事业建设提供了资金保障。

在资源配置效率方面，"两山合作社"通过市场化机制实现了生态资源的优化配置。传统模式下，农村资源流转面临信息不对称、交易成本高等问题。"两山合作社"通过搭建统一的资源交易平台，引入专业评估机构，规范交易流程，显著提高了资源配置的效率和公平性。部分地区还探索将多类自然资源整合为"资产包"进行整体配置，使资源价值得到充分显化。这种创新做法，解决了单一要素配置效益低、保护使用碎片化等问题。

"两山合作社"还通过风险共担与收益共享机制，降低了农户和村集体参与市场经营的风险。传统小农户在直接面对市场时，往往因规模小、信息滞后而处于弱势地位。"两山合作社"作为中介平台，一方面通过规模化经营降低单位成本，另一方面通过建立稳定的销售渠道减少市场波动的影响。这种组织化、集约化的经营模式，不仅有效保护了小农户的利益，还增强了其市场议价能力。

四、金融创新支持与资本要素激活

"两山合作社"通过绿色金融创新，突破了生态产业发展的资金瓶颈。生态产业往往具有投资周期长、回报慢的特点，传统金融产品难以满足其需求。"两山合作社"通过与金融机构合作，开发了林权抵押、生态信用贷等创新金融产品，为生态产业发展提供了资金支持。部分地区还探索将未来生态收益作为还款来源的融资模式，进一步拓宽了融资渠道。

在社会资本引入方面，"两山合作社"发挥了重要的桥梁作用。例如，"两山合作社"通过建立规范的资源收储和开发机制，降低了社会资本进入农业农村领域的门槛和风险。截至2023年底，浙江省通过"两山合作社"机制累计开发项目1256个，总投资达560亿元，充分显示了"两山合作社"对资本要素的强大吸引力。

"两山合作社"还探索了生态权益交易等新型市场化机制。通过将排污权、用水权、碳排放权等生态权益纳入交易范围，"两山合作社"创造了新的价值实现路径。这类创新实践，不仅拓展了生态产品价值实现的渠道，也为绿色金融发展提供了新的标的物。

第三节 社会效应：从增收致富到民生改善

"两山合作社"的生动实践不仅带来了生态层面和经济层面的积极变化，还产生了广泛而深远的社会效应。通过创新乡村治理机制、促进就业创业、改善基础设施和公共服务，"两山合作社"不仅有效提升了农村居民的生活质量和幸福感，还推动了城乡融合发展与社会公平正义。本节，笔者将从就业促进与民生改善、乡村治理创新与社区参与、城乡融合发展与要素双向流动以及特殊群体关怀与社会包容性增强四个维度，系统分析"两山合作社"的社会效应。

一、就业促进与民生改善

"两山合作社"通过产业带动就业的方式，有效缓解了农村剩余劳动力问题。传统农村产业单一、就业机会有限，大量青壮年劳动力外出务工，导致农村"空心化"现象严重。"两山合作社"推动的生态旅游、特色农业、文化创意等产业发展，创造了大量就业岗位，吸引了部分外出务工人员返乡就业或创业。这种"离土不离乡"的就业模式，既解决了农民就业问题，又避免了大规模人口流动带来的社会问题。

在民生基础设施方面，"两山合作社"的收益为乡村道路、供水供电、网络通信等设施的改善提供了资金支持。集体经济收入的增加，使村组织有能力投资公共福利事业，提升了村民的生活便利度和舒适度。特别值得注意的是，"两山合作社"推动的产业发展往往伴随着配套设施的同步提升，如旅游村落的道路硬化、环境美化、厕所改造等，这些改善不仅服务于产业发展需要，也直接惠及当地居民的日常生活。

"两山合作社"还通过收益分配机制创新，确保发展成果惠及全体村民。与传统企业不同，"两山合作社"

通常将一定比例的收益用于村内公益事业和福利保障，如老人照料、儿童教育、医疗补助等。部分地区还建立了"保底收益＋按股分红"的分配制度，既保障了低收入群体的基本生活，又体现了多劳多得的激励原则。这种具有包容性的发展模式，有利于缩小贫富差距，促进社会和谐稳定。

二、乡村治理创新与社区参与

"两山合作社"作为乡村治理新平台，促进了基层治理体系和治理能力现代化。传统乡村治理面临组织松散、资源匮乏、能力不足等挑战。"两山合作社"通过引入现代企业管理理念和方法，提升了村级组织的运营效率和专业水平。同时，其跨部门协同的工作机制，也促进了治理方式的创新和优化。

在村民参与机制方面，"两山合作社"建立了更加透明和民主的决策程序。资源是否入股、项目如何开发、收益怎样分配等重大事项，通常需要经过村民代表大会讨论决定。这种参与式治理模式，既保障了村民的知情权和参与权，也增强了决策的科学性和可执行性。实践表明，村民参与程度高的项目，往往实施更顺利、效果更持久，形成了"共建共治共享"的良性循环。

"两山合作社"还通过数字化手段提升了乡村治理的精准性和效率。部分地区将生态资源数据纳入数字化管理平台，实现了生态资源资产的可视化管理和动态监测。这种"数字赋能"的做法，不仅提高了管理效率，也为资源定价、项目招商、收益分配等提供了数据支撑，减少了人为因素的干扰，增强了治理的公平性和透明度。

三、城乡融合发展与要素双向流动

"两山合作社"通过要素市场化配置，促进了城乡之间的资源双向流动。长期以来，农村资源要素向城市单向流动，导致乡村发展失血。"两山合作社"通过建立规范的资源交易平台和价值实现机制，使城市资本、技术、人才等要素能够顺畅流向农村，同时农村的生态产品和服务也能有效对接城市市场。这种双向流动，打破了城乡二元结构，推动了城乡融合发展。

在人才流动方面，"两山合作社"吸引了一部分懂技术、懂管理、懂市场的专业人才下乡服务。这些人才既包括政府部门下派的专业技术干部，也包括企业派驻的经营管理人员，还包括返乡创业的新农人。他们的到来，不仅带来了先进理念和技术，也搭建了乡村与外部世界沟通的桥梁。特别值得一提的是，"两山合作社"促进了产业发展，为大学生返乡就业创造了条件，有效缓解了农村人才匮乏的问题。

"两山合作社"还促进了城乡文化交融与价值观念更新。城市游客的到访和城市企业的入驻，带来了新的生活方式和消费理念，影响了农村居民的价值观念和行为习惯。同时，乡村的生态文化、传统文化也通过旅游体验、产品销售等渠道传播到城市，增进了城市居民对乡村的理解和认同。这种文化交流与融合，有助于消除城乡隔阂，构建新型城乡关系。

四、特殊群体关怀与社会包容性增强

"两山合作社"通过针对性帮扶措施，增强了发展的包容性和普惠性。在农村，老年人、妇女、残疾人等群体往往面临更大的发展困境。"两山合作社"在项目设计和岗位安排上，注重照顾这些特殊群体的需求和能力，如设置适合老年人的轻体力岗位、适合妇女的灵活就业岗位等。这种"量体裁衣"的就业帮扶，使弱势群体也能分享发展成果，体现了社会公平正义。

对于低收入农户，"两山合作社"建立了多种形式的帮扶机制。有的地区采取"1+1+N"模式，即1个合作社带动1个低收入农户发展N个增收项目；有的地区设立专项扶持资金，为低收入农户参与产业项目提供启动支持；还有的地区推行"先富带后富"的结对帮扶，实现共同发展。这些创新做法，有效防止了"富者愈富、贫者愈贫"的马太效应，促进了共同富裕。

"两山合作社"还注重保护人民的权益，确保其在发展过程中的主体地位。例如，"两山合作社"在生态资源开发和产业发展中，充分尊重当地居民的传统权益和生活方式，避免强制搬迁、大拆大建等粗暴做法。通过建立合理的利益分配机制，确保当地居民能够从资源开发中获得应有收益，防止"资源拿走、污染留下、贫困依旧"的现象发生。这种发展方式，既保护了传统文化和社区完整性，也增强了发展的可持续性。

第四节　文化效应：从传统传承到创新融合

　　"两山合作社"的实践不仅在生态、经济和社会层面产生了显著影响，还带来了深刻的文化效应。作为一种新型的生态经济组织形式，"两山合作社"在推动生态文明理念传播、传统生态智慧传承、乡村文化振兴以及绿色生活方式普及等方面发挥了重要作用。本节，笔者将从生态文明理念的广泛传播、传统生态智慧的创新传承、乡村文化活力与创意经济以及绿色生活方式的引导和塑造四个维度，深入分析"两山合作社"的文化效应。

一、生态文明理念的广泛传播

"两山合作社"作为"绿水青山就是金山银山"理念的实践载体，极大地促进了生态文明理念的广泛传播。通过将抽象的生态理念转化为具体的经营模式和收益机制，"两山合作社"使农民切身感受到保护生态环境的经济价值，从而增强了生态保护的自觉性和主动性。这种"理念—实践—收益"的良性循环，比单纯的说教宣传更具说服力和持久性，有效改变了"重经济轻生态"的传统观念。

在教育培训方面，"两山合作社"成为生态文明教育的重要平台。部分"两山合作社"与高校、科研机构合作，建立生态文明教育基地，开展面向干部、企业和群众的培训活动。通过理论讲解、案例分析和实地考察相结合的方式，帮助各类主体深入理解"两山"转化的原理和路径。这种体验式、参与式的教育模式，大大提高了生态文明教育的实效性。

此外，"两山合作社"还通过媒体传播扩大了生态文明理念的社会影响。各类媒体对"两山合作社"实践案例的报道，使"两山"理念和生态产品价值实现机制得到广泛传播。这些报道不仅展示了浙江的创新实践，也为全国其他地区提供了可借鉴的经验，推动了生态文明建设的全社会参与。

二、传统生态智慧的创新传承

"两山合作社"在传统农业智慧的挖掘和现代化应用方面发挥了重要作用。我国农耕文明中蕴含着丰富的生态智慧，如轮作休耕、种养结合、有机施肥等，但这些生态智慧在现代农业冲击下逐渐被边缘化。"两山合作社"通过恢复和改良这些传统技术，如推广酵素农耕、稻鱼共生等模式，既保护了农业文化遗产，又创造了更高的经济价值。这种"古为今用"的做法，实现了传统文化与现代科技的有机融合。

在乡土知识系统的保护方面，"两山合作社"注重发挥当地"土专家""田秀才"的作用。这些乡土人才熟悉本地生态环境和资源特点，掌握许多实用但未成文的经验知识。"两山合作社"通过建立"专家库""智囊团"等形式，将分散的乡土知识系统化、显性化，并应用于生态产业规划和项目设计中。这种做法不仅保存了珍贵的传统知识，也增强了发展的地域特色和适应性。

此外，"两山合作社"还促进了民族生态文化的保护和传承。浙江省内许多地区拥有独特的生态观和资源利用方式。"两山合作社"在项目开发过程中注重融入少数民族的文化元素，既增强了产品的文化附加值，也使传统文化在新的经济形态中得到延续。这种"文化—生态—经济"的协同发展模式，为民族文化保护提供了新思路。

三、乡村文化活力与创意经济

"两山合作社"通过文旅融合发展，有效激活了乡村文化资源的经济价值。传统村落蕴藏着丰富的建筑、民俗、工艺等文化资源，但往往因为缺乏有效开发而逐渐衰落。"两山合作社"通过整合这些文化资源，打造文化体验馆、非遗工坊等文旅产品，既保护了文化遗产，又创造了经济收益。这种"以文塑旅、以旅彰文"的模式，实现了文化保护与经济发展的良性互动。

在创意设计赋能方面，"两山合作社"通过与高校设计团队、文创企业合作，对传统农产品、手工艺品进行创意设计和包装升级，大幅提高了产品的文化内涵和审美价值。部分地区还开发了系列文化衍生产品，如农产品盲盒、非遗体验套装等，满足了消费者多样化、个性化的文化需求。这种创意经济模式，为乡村文化振兴注入了新动能。

四、绿色生活方式的引导和塑造

"两山合作社"通过生态产品供给，促进了消费方式的绿色转型。随着环保意识的增强，越来越多的消费者开始关注产品的生态属性，愿意为环保支付溢价。这种消费偏好的变化，反过来又激励生产者采取更加环保的生产方式，形成了"绿色生产—绿色消费—绿色生产"的良性循环。"两山合作社"在其中发挥了重要作用，加速了这一转变过程。

在环保行为激励方面，"两山合作社"创新设计了多种参与式环保机制。如垃圾分类积分兑换、低碳出行奖励、生态志愿服务等，将环保行为与实实在在的利益挂钩。这些机制通过经济激励和荣誉激励相结合的方式，有效调动了居民参与环境保护的积极性，使环保从外在约束逐渐转变为内在习惯。

"两山合作社"还促进了社区环境教育的常态化开展。例如，部分"两山合作社"通过设立生态科普馆、组织自然观察活动、举办环保讲座等形式，向居民普及生态知识和环保技能。特别是针对青少年群体，设计了一系列寓教于乐的环境教育活动，从小培养其生态文明意识。这种社区层面的环境教育，为绿色生活方式的普及奠定了坚实基础。

第六章

面临的问题与挑战

浙江省"两山合作社"作为践行"绿水青山就是金山银山"理念的创新实践模式,在推动生态产品价值实现、促进乡村全面振兴等方面发挥了重要作用。然而,随着实践的深入,这一创新实践模式也面临着诸多结构性、制度性和操作性的问题与挑战。本章,笔者将系统分析浙江省"两山合作社"在产权界定、金融支持、人才建设、市场运营、数字化建设、平衡生态保护与经济开发以及跨区域协作等七个方面面临的困境,旨在全面客观地反映当前发展阶段的主要瓶颈,为后续完善"两山合作社"运行机制、提升生态产品价值转化效率奠定基础。

第一节 产权界定与流转面临困境

产权明晰是生态资源市场化运作的基础前提。浙江省内的"两山合作社"在推进生态资源资产化过程中，普遍面临着产权界定不清、流转机制不畅等结构性难题。这些问题直接影响了生态资源的高效整合与规模化开发，成为阻碍"绿水青山"向"金山银山"转化的首要瓶颈。

一、自然资源产权存在模糊性问题

浙江省"两山合作社"在收储和整合生态资源时，首先遭遇的是自然资源产权主体不明确的困扰。根据

2023 年浙江省发展改革委等 6 部门联合印发的《关于两山合作社建设运营的指导意见》，"两山合作社"需要依法开展所在区域山水林田湖草海等生态资源资产信息采集和价值评估，但在实际操作中，许多生态资源的权属关系错综复杂，历史遗留问题较多。例如，集体所有的山林、水域等资源往往存在边界不清、权证不全的情况，农户与村集体之间的权益划分缺乏明确标准。这种产权模糊性问题使得"两山合作社"在资源收储过程中面临确权成本高、谈判周期长等难题，严重影响了资源整合效率。

更为复杂的是，生态资源具有复合性特征，同一片山林可能同时承载着林木所有权、林地使用权等多种权益，而这些权益往往分散在不同主体的手中。现行的自然资源产权制度尚未完全适应这种复合性特征，缺乏系统性的确权登记体系。尽管浙江省已加快推进自然资源统一确权登记工作，但在实际操作中，不同部门间的登记标准不统一、数据不共享，难以形成完整的产权图谱。这种状况使得"两山合作社"在资源开发过程中容易陷入产权纠纷，增加了经营风险。

二、经营权流转的市场化障碍

即使产权得以明确，生态资源经营权的市场化流转仍面临诸多障碍。笔者在调查过程中发现，浙江省部分地区的"两山合作社"在尝试流转集体林地、农田等资源时，常因价格评估体系不完善而遭遇困境。由于缺乏权威的生态资源价值评估标准和专业机构，资源所有者（农户或村集体）与潜在经营者（企业或合作社）对同一资源的估值往往存在较大差距，所以交易往往难以达成。

流转程序烦琐是另一大障碍。当前，浙江省农村土地经营权流转仍受到诸多政策限制，宅基地使用权的放活程度有限。"两山合作社"在推动资源规模化利用时，常需要与众多分散的小农户逐一谈判，交易成本极高。虽然《关于两山合作社建设运营的指导意见》提出要"进一步放活农村土地经营权，适度放活宅基地使用权"，但具体实施细则尚不完善，基层执行存在较大不确定性。

短期利益与长期发展的矛盾也影响了流转效率。部分农户对生态资源的长期增值潜力认识不足，倾向于获取短期流转收益，而"两山合作社"则更关注生态资源的可持续开发和长期价值提升，这种目标差异导致生态资源流转效率较低。此外，一些地区存在农户对生态资源流转后失去控制权的担忧，担心自身权益无法得到有效保障，从而产生抵触情绪。

三、产权制度创新的探索与局限

为破解产权难题，浙江省内部分"两山合作社"已开始探索创新性的产权安排。例如，通过"资源变股权、资金变股金、农民变股东"的方式，尝试与农户建立利益共享机制。这种模式在一定程度上缓解了产权矛盾，但仍面临股权设置不合理、收益分配不透明等新问题。

浙江省也在部分地区试点拓展生态资源用益物权的有效途径，支持安吉、淳安、开化、青田、龙泉等地开展相关探索。这些试点地区尝试通过创新产权实现形式，如经营权证、收益权证等，增强生态资源的流动性和融资能力。然而，这些创新大多局限于特定区域或特定资源类型，尚未形成可推广的标准化方案，其法律效力和市场认可度也有待检验。

第二节　绿色金融支持不足

　　资金是生态资源转化为生态资本的关键要素，然而，浙江省内的"两山合作社"在发展过程中普遍面临绿色金融供给不足的困境。这一困境影响了生态产业的规模化发展和质量提升，成为阻碍"两山"转化效率提升的重要因素。金融支持的不足既体现在总量上的缺口，也反映在结构上的不匹配，需要通过制度创新和产品优化加以解决。

一、融资渠道单一与资金缺口

浙江省"两山合作社"的资金来源结构呈现明显的单一性特征，主要依赖政府财政投入和国有资本，市场化融资渠道尚未完全打通。虽然截至 2023 年底，全省通过"两山合作社"累计开发项目 1256 个，总投资达 560 亿元，但这一规模与潜在的生态资源开发需求相比仍显不足。特别是对于投资周期长、回报慢的生态修复和生态农业项目，资金短缺问题更为突出。

"两山合作社"作为新兴的市场主体，其融资能力受限于多重因素。一方面，大多数"两山合作社"由县级人民政府授权的国有企业依法牵头成立，这种安排虽然有利于初期的资源整合，但也导致市场化融资能力不足。另一方面，《关于两山合作社建设运营的指导意见》明确规定"严格控制为参股企业提供借款，不鼓励单独开展融资担保背书等业务，不得以开展业务为由新增地方政府隐性债务"，这些限制虽然防范了金融风险，但也限制了"两山合作社"的融资空间。

项目融资难是普遍现象。生态产业项目通常具有前期投入大、回报周期长、收益不确定等特点，与传统金融机构追求短期稳定回报的偏好存在矛盾。此外，浙江

省鼓励生态增值收益向村集体、农户倾斜，这种收益分
配机制进一步压缩了项目的可预期利润空间，降低了商
业资本的参与意愿。笔者在调查过程中发现，许多优质
生态项目因缺乏启动资金而难以落地，或在实施过程中
因后续资金不足而陷入停滞。

二、金融产品创新与落地存在障碍

为破解融资难题，浙江省部分地区已开始探索绿色
金融创新。例如，常山县"两山合作社"创新推出"胡
柚贷""邮柚贷""低温气象指数保险"等金融产品，
探索生态资产融资转化路径。截至2024年5月，常山县"两
山合作社"已通过各种形式为1580户经营主体授信8.38
亿元，发放生态贷款8.36亿元。[①] 这些创新在一定程度上
缓解了经营主体的资金压力，但规模和覆盖面仍显不足。

更深层次的问题是，现有绿色金融产品与生态产业
特点的匹配度不高。目前开发的生态信贷产品大多仍沿
用传统抵押担保模式，而生态资源普遍存在"难度量、
难抵押、难交易、难变现"的问题。尽管《关于两山合
作社建设运营的指导意见》提出"丰富绿色金融工具，

---

① 资料来源：两山合作社架起"企呼我应"桥梁，http://zjucsagri.zju.edu.cn/newsinfo.
php?cid=3&id=407。

创新探索绿色债券、绿色信贷、绿色保险、绿色基金等金融产品，因地制宜推广民宿保险、生态资源储蓄贷、两山信用贷、林业碳汇贷等绿色金融创新典型经验"，但在实践中，这些创新产品的标准化程度低，风险评估体系不完善，难以大规模推广。

风险分担机制缺失也影响了金融支持的力度。生态产业面临自然风险、市场风险、政策风险等多重不确定性，而当前缺乏有效的风险分散和补偿机制。虽然在实践中，部分"两山合作社"通过改革创新，以联合担保、保险等方式完善风险分担机制，但这种安排往往局限于特定项目或地区，尚未形成系统性的风险管控体系。金融机构出于风险考虑，对生态项目的信贷审批趋于保守，导致许多有潜力的项目难以获得足够的资金支持。

三、价值评估与信用体系存在短板

生态产品价值评估是绿色金融发展的基础性工作，但目前浙江省在这方面的技术体系尚不健全。虽然生态产品价值核算基础理论与技术方法取得了长足进步，但具体到操作层面，仍缺乏统一、权威的评估标准和专业机构。金融机构在审批生态项目贷款时，往往难以准确评估抵押物的价值和项目的还款能力，从而提高信贷门槛。

　　信用体系建设滞后也是制约因素。"两山合作社"经营涉及的农户、村集体、企业等多方主体信用信息分散，缺乏有效的归集和共享机制。这不仅增加了金融机构的尽调成本，也使得一些信用良好的主体难以凭借自身信用获得融资。

第三节　专业人才匮乏

　　人才是组织发展的核心资源，而浙江省"两山合作社"在快速扩张过程中普遍面临专业人才短缺的严峻挑战。这直接影响了"两山合作社"的运营效率和服务质量，成为阻碍其功能充分发挥的关键瓶颈。在实践中，专业人才匮乏既体现在总量上的不足，也反映在结构上的失衡，这一问题需要通过系统性的人才培养和引进机制加以解决。

一、复合型管理人才不足

"两山合作社"作为新型生态经济组织，其经营管理需要兼具生态知识、经济头脑和商业技能的复合型人才。然而，现实中这类人才极为稀缺，导致许多"两山合作社"的经营管理水平难以满足发展需求。笔者在调研过程中发现，浙江省"两山合作社"的管理团队主要来自政府部门或当地国有企业，虽然熟悉行政运作和本地情况，但普遍缺乏市场化运营和生态产业发展的专业经验。

战略规划能力不足是普遍问题。"两山合作社"需要根据区域生态资源特点制定中长期发展规划，统筹资源收储、项目开发和产业培育，这对管理者的战略眼光和专业素养提出了很高的要求。然而，现有管理人员多侧重于日常事务处理，缺乏系统性思维和前瞻性视野，导致部分"两山合作社"发展方向不明确，资源利用效率低下。

项目管理水平有限也影响了运营效能。生态资源开发涉及项目筛选、可行性分析、投融资安排、实施监督等多个环节，需要管理者具有较强的项目管理能力。但实际情况是，许多"两山合作社"缺乏规范的项目管理制度和专业团队，项目评估主要依赖经验判断，实施过程缺乏有效监控，影响了项目开发质量和效益。

二、技术型服务人才短缺

除管理人才外，"两山合作社"在专业技术支持方面也存在明显短板。生态资源评估、生态产品价值核算、生态产业设计等专业性工作，需要具备环境科学、生态学、经济学等多学科背景的专业技术人才。然而，这类专业技术人才在县域层面尤为稀缺，导致"两山合作社"在关键技术环节往往依赖外部机构，自主能力建设存在明显不足。

价值核算能力薄弱是突出表现。虽然浙江省丽水市已出台全国首个山区市生态产品价值核算技术办法，发布了首份《生态产品价值核算指南》地方标准，但大多数"两山合作社"内部缺乏能够独立开展生态产品价值核算的专业人员。这使得"两山合作社"在资源定价、项目评估等关键环节处于被动地位，难以精准把握生态资源的市场价值。

产业思维和设计能力方面存在不足，限制了"两山合作社"的发展空间。将生态资源转化为具有市场竞争力的产品或服务，需要创新产业思维和设计能力。然而，现有团队多侧重于资源管理和行政协调，缺乏产品开发、品牌运营、市场营销等方面的专业人才，导致许多优质生态资源难以转化为高附加值产业。

三、基层人才队伍建设面临困境

"两山合作社"的功能发挥最终依赖于基层执行团队，但这一层面的问题尤为突出。乡镇和村级工作人员普遍存在年龄结构老化、知识更新滞后、专业技能缺乏等问题，难以适应生态经济发展的新要求。特别是在偏远山区和经济欠发达地区，人才流失严重，基层力量更为薄弱。

培训体系不完善加剧了人才困境。"两山合作社"涉及的业务领域广泛且专业性强，需要对工作人员进行系统性培训。然而，目前的培训资源分散，缺乏统一标准和长效机制，培训内容与实际工作需求脱节，效果有限。许多基层工作人员只能通过"干中学"的方式积累经验，效率低下且容易形成路径依赖。

人才吸引力不足是更深层次的问题。相较于城市和大企业，"两山合作社"在工作环境、发展空间以及薪酬待遇等方面存在一定的不足，难以吸引并留住高素质人才。特别是对年轻的专业人才而言，基层"两山合作社"

提供的工作岗位的职业发展路径不清晰，社会认可度不高，进一步降低了对年轻专业人才的吸引力。

四、智力支撑体系存在不足

高水平的专业科研团队支持是生态产品价值实现取得成效的重要保障。然而，目前浙江省"两山合作社"与高校、科研院所的合作大多停留在项目层面，尚未建立稳定、深入的智力支撑体系。

产学研联动不足影响了知识转移效率。"两山合作社"面临的许多技术和管理问题需要学术界的专业支持，但由于缺乏有效的合作机制和利益联结，科研成果难以有效转化为实践解决方案。同时，学术界对"两山合作社"实际需求的了解也不充分，研究方向与实际问题存在一定的脱节。

本土智库建设滞后也是制约因素之一。"两山合作社"的发展需要结合地方特色的理论指导和实践总结，但目前浙江省缺乏专注于生态产品价值实现研究的本土智库机构。虽然省级层面已安排资金支持项目建设，但对人才队伍和智力体系建设的投入存在不足，难以形成持续的知识积累和能力提升。

第四节　市场运营能力薄弱

　　市场化运营是生态产品价值实现的关键环节，然而浙江省"两山合作社"在面向市场的经营过程中普遍存在市场运营能力薄弱的短板。这直接影响了生态资源的价值转化效率和可持续性，成为阻碍"两山合作社"功能充分发挥的重要瓶颈。市场运营能力的薄弱既体现在战略层面的定位模糊，也反映在战术层面的执行乏力，需要通过系统性能力建设加以解决。

一、市场化定位的模糊性

"两山合作社"作为政府主导设立的生态产品经营管理平台，其角色定位存在一定模糊性，影响了市场化运营的有效开展。一方面，"两山合作社"需要履行资源整合、生态保护等公共职能；另一方面，又要通过市场化运作实现资源增值和经济效益。这种双重属性导致其运营目标不够清晰，在决策过程中，行政逻辑与市场逻辑时常发生冲突。

政企关系不清晰是更深层次的问题。虽然《关于两山合作社建设运营的指导意见》明确"两山合作社"是政府主导、社会参与、市场化运作的生态产品经营管理平台，但在实际操作中，政府与"两山合作社"的权责边界往往模糊不清。一些地方政府过度干预"两山合作社"的具体经营决策，而另一些则完全放手，缺乏必要指导，这两种极端都不利于"两山合作社"形成健康的市场化运营机制。

盈利模式不明确也影响了"两山合作社"的可持续发展。"两山合作社"的收入来源主要包括资源经营收益、服务收费和政府补贴，但前两项占比普遍偏低。由于缺乏清晰可行的盈利模式，许多"两山合作社"对政府补贴的依赖度过高，自主造血能力不足，难以实现财务平衡和可持续发展。尽管《关于两山合作社建设运营的指导意见》提出"两山合作社"可"采取直接投资、引入社会资本、与社会资本合作等多种方式开展生态资源资产经营",但具体如何实现稳定盈利仍缺乏可操作的路径。

二、品牌建设与营销存在短板

品牌建设是提升生态产品附加值的重要手段,但浙江省"两山合作社"在品牌运营方面普遍存在明显短板。虽然部分地区已尝试打造区域公用品牌,如南浔区的"南浔知味"和丽水市的"丽水山耕",但大多数"两山合作社"缺乏系统性的品牌战略和专业化的品牌管理团队,难以有效提升生态产品的市场认知度和溢价能力。

产品同质化是突出问题。不同地区的生态资源各具特色,理应采取差异化的品牌定位,但现实中许多"两山合作社"的品牌建设流于表面,简单模仿成功案例,缺乏独特价值主张。这导致生态产品在市场上缺乏辨识度,容易陷入同质化竞争的泥沼。

营销渠道单一限制了市场拓展。"两山合作社"的生态产品营销多依赖传统渠道和本地市场,对电商、社交媒体等新兴渠道利用不足。虽然个别地区已尝试搭建直播和跨境电商平台,但整体而言,数字化营销能力较为薄弱，难以突破地域限制。

三、产业链整合能力不足

生态资源价值的高效转化需要较强的产业链整合能力，但浙江省"两山合作社"在这方面的表现参差不齐。

上下游协同不足是普遍现象。"两山合作社"作为中间平台，需要有效连接资源供给方（农户、村集体）和市场需求方（企业、消费者），但现实中这种连接往往较为松散和低效。一方面，与农户的合作多停留在资源流转层面，缺乏深度的产业引导和技术支持；另一方面，与企业的合作侧重于单个项目，缺乏长期战略协同。这种碎片化的合作模式难以形成规模效应和集群优势。

价值链延伸有限影响了效益提升。生态资源的深度开发需要向研发、设计、加工、服务等高附加值环节延伸，但大多数"两山合作社"的运营仍集中在资源整合和初级产品供给层面，产品创新和产业升级能力存在不足，难以充分挖掘生态资源的潜在价值。

四、风险管理机制的缺失

市场运营必然伴随风险，特别是生态产业面临自然风险、市场风险、政策风险等多重不确定性，需要专业

化的风险管理机制，但"两山合作社"在这方面的能力
建设存在一定的滞后。

无法有效应对市场波动是明显短板。生态产品价格受
季节、供需、政策等多种因素影响，波动较大，但"两山
合作社"普遍缺乏有效的价格稳定机制和市场调节手段。
当市场低迷时，难以保障农户和合作企业的合理收益，影
响长期合作意愿。虽然个别地区已尝试推出"低温气象指
数保险"等创新产品，但系统性风险对冲工具仍显不足。

合同管理不规范增加了运营风险。"两山合作社"
与多方主体建立合作关系，涉及复杂的权责利安排，但
合同管理往往不够规范。一方面，合同条款不完善，对
可能出现的争议情形预见不足；另一方面，履约监督不
到位，违约救济机制不健全。这些问题增加了产生合作
纠纷的可能性，影响了运营的稳定性。

应急响应机制缺失也值得关注。面对自然灾害、公
共卫生事件等突发情况，"两山合作社"普遍缺乏应急
预案和快速响应能力。这种脆弱性在极端情况下可能导
致运营中断和重大损失。

第五节　数字化建设滞后

数字化转型已成为现代经济发展的关键驱动力，然而浙江省"两山合作社"在信息化建设和数据应用方面略显滞后，这一短板对生态资源管理的精细化和生态产品交易的高效化产生了负面影响。

一、基础数据管理体系不健全

有效的生态资源管理依赖于完善的数据基础，但浙江省"两山合作社"在数据采集、整合和应用方面存在短板。

数据采集标准不统一是突出问题。不同地区、不同部门采用的生态资源数据分类体系、采集方法、指标定义存在差异，导致数据难以跨区域、跨部门共享和比较。例如，森林资源的蓄积量测算、水域生态系统的服务功能评估等缺乏统一标准，影响了整体数据质量。

动态更新机制缺失也影响了数据的效用。生态资源状况和生态产品价值会随着时间的推移而发生变化，因此，建立定期更新机制至关重要。然而，目前大多数"两山合作社"的数据更新依赖不定期的专项调查，连续性不足，难以反映最新情况。这种静态数据难以支撑精准决策和实时监管，增加了运营的不确定性。

数据孤岛现象也值得关注。生态资源数据分散在自然资源、农业农村、生态环境等多个部门，缺乏有效的整合共享机制。在实践中，"两山合作社"在开展资源评估和项目策划时，往往需要重复收集基础数据，效率低下。虽然个别地区已尝试建立数据平台，但全省统一的数据共享体系尚未形成。

二、智能应用场景开发不足

数据价值在于应用，但浙江省"两山合作社"在数字化应用方面存在一定的不足。生态资源的评估、交易、监管等环节尚未充分运用现代信息技术，影响了运营效率的提升。

资源评估数字化水平低是普遍现象。生态资源的价值评估需要处理大量空间数据和属性数据，理应采用地理信息系统、遥感等技术提高生态资源价值评估的精度和效率。然而，现实中许多评估工作仍依赖人工勘察和经验判断，科学性不足且成本高昂。

交易平台功能单一限制了市场效率。生态产品交易需要高效、透明的平台支持，但现有交易系统多侧重于信息发布，缺乏全流程的电子化交易功能。

监管手段也影响了效能。生态资源的开发利用需要全过程监管，以确保可持续性，但目前监管多依赖现场检查等传统方式，实时性差且成本高。物联网、大数据等现代技术在生态监管中的应用尚未普及，难以实现对生态资源利用状况的精准监测和预警。

三、数字人才与资金投入不足

数字化建设离不开专业人才支撑和持续的资金投入，但这两方面恰恰是"两山合作社"的薄弱环节。

数字专业人才匮乏是普遍问题。"两山合作社"普遍缺乏数据分析、信息系统管理等方面的专业技术人员。

此外，基层工作人员的数字素养不足，难以有效运用现有数字工具。

资金投入不足也影响了数字化建设。数字化基础设施建设、系统开发维护、数据采集处理等都需要持续的资金投入。然而，"两山合作社"的资金主要用于资源收储和项目开发，数字化建设的优先级相对较低。

长期投入机制缺失也值得关注。数字化建设不是一次性工程，需要持续更新和维护。但目前"两山合作社"缺乏稳定的资金来源和专业的运维团队，许多数字化项目在初期建设后难以持续发挥作用，在一定程度上造成了资源浪费。

总体而言，数字化建设滞后反映了"两山合作社"传统运营模式与数字时代需求之间的脱节。解决这一问题需要从数据基础、应用场景、人才资金等多个维度进行系统性提升，为"两山合作社"的数字化转型创造有利条件。

第六节　生态保护与经济开发之间的平衡难题

　　"两山合作社"的核心使命是实现"绿水青山"与"金山银山"的双向转化，但在实际操作中，生态保护与经济开发之间的平衡往往难以把握。这一矛盾直接关系到"两山合作社"的可持续发展，是"两山合作社"面临的一大挑战。

一、保护与开发的理念冲突

　　在"两山合作社"的运营过程中，生态保护与经济开发之间时常产生张力。一方面，"两山合作社"需要维护生态系统的完整性和稳定性；另一方面，"两山合作社"需要通过开发利用资源来创造经济价值。"两山合作社"如果不能有效地平衡生态保护与经济开发，那么就有可能导致定位模糊和决策困难。

短期利益与长期可持续发展的矛盾是更深层次的问题。生态保护通常需要长期投入，而经济开发则追求短期见效。部分"两山合作社"在实际运营过程中，迫于业绩考核或资金压力，往往倾向于优先开发见效快的项目，而忽视那些需要长期投入的生态保护工作。例如，选择开发旅游景区而非实施生态修复，因为前者能够更快产生经济回报。这种倾向如不加以纠正，就有可能导致生态资源的过度开发，对生态环境造成不可逆的损害。

不同主体的认知差异也加大了平衡生态保护与经济开发的难度。对生态保护与经济开发的优先顺序，政府、企业、农户、环保组织等利益相关方往往有不同看法。作为协调平台，"两山合作社"需要在多方诉求间寻找平衡点，这一过程复杂而艰难。特别是在生态敏感区域，保护与开发的争议更为突出，决策难度更大。

二、生态红线约束下的开发困境

浙江省已划定生态保护红线，对红线区域实行严格管控，这给"两山合作社"的资源开发利用带来了特殊挑战。如何在严守生态红线的前提下实现资源价值，成为运营过程中的难点。

可利用资源空间受限是直接约束。生态保护红线内的资源开发活动受到严格限制，而红线外的优质生态资源相对有限。这导致"两山合作社"在资源收储和项目布局时选择空间较小，难以形成规模效应。

开发强度把控困难是技术性挑战。即使是红线外的生态资源，也需要根据生态敏感性控制开发强度。然而，目前缺乏科学统一的开发容量评估方法和标准，难以精准确定特定区域的适宜开发强度。因此，在实践中，"两山合作社"在项目审批时，常面临"开发不足浪费资源，开发过度破坏生态"的两难选择。

三、生态效益量化与补偿机制存在不足

科学的生态效益评估和合理的补偿机制是平衡保护与开发的基础，但目前这两方面都存在短板。

生态价值量化不完善是方法论难题。虽然生态产品总值和特定地域单元生态产品价值核算已有所发展，但仍面临指标不统一、数据不充分、方法不成熟等问题。"两山合作社"在决策时，难以准确评估不同开发方案对生态系

统的综合影响，增加了决策难度。

生态补偿标准偏低影响了保护积极性。目前的生态补偿主要依赖政府转移支付，标准确定缺乏市场依据，往往低于生态保护的实际机会成本。这导致保护者缺乏足够激励，难以形成"保护者受益"的良性循环。

生态保护绩效评价不够科学也对保护实效产生了一定的负面影响。现有的绩效评价体系更注重经济指标，对生态保护成效的考核相对较弱。这导致"两山合作社"在实际运营中可能倾向于追求短期的经济利益而忽视长期的生态影响。建立科学的生态保护绩效考核体系，平衡生态指标与经济指标，是解决这一问题的关键。

第七节　跨区域协作的障碍

　　生态系统的整体性和流动性决定了生态产品价值实现常常需要跨区域协作，然而，浙江省"两山合作社"在实际运营中面临诸多区域分割的障碍。这些障碍影响了生态资源的优化配置和整体效益提升，成为阻碍"两山合作社"发挥更大作用的结构性难题。跨区域协作的困难既源于行政壁垒，也来自利益分配机制的不完善，需要通过制度创新和政策调整加以解决。

一、行政区划分割的制约

现行的行政管理体制以行政区划为基础，这与生态系统的自然边界存在一定的出入。浙江省"两山合作社"主要以县域为单位设立，这种安排虽然有利于结合本地实际，但也导致了区域分割的问题。

首先，规划协调不足是明显短板。同一生态系统的不同部分可能位于不同行政区域，而各行政区域的"两山合作社"往往独立运作，缺乏整体协调。例如，一条河流流经多个县市，各段开发保护策略不一，难以形成连贯的生态经济带。虽然丽水市、衢州市和湖州市已建立市级"两山合作社"以协调县级"两山合作社"之间的合作，但大多数地区仍缺乏有效的跨区域协作机制。

其次，标准不统一增加了协作成本。不同地区对生态资源的评估方法、开发标准、管理要求等存在差异。这种不一致使得跨区域项目难以推进，增加了合作难度。例如，相邻地区对同一片森林的碳汇计量方法不同，会对碳汇交易的可行性产生负面影响。

最后，信息共享不畅也影响了协作效率。各地区的生态资源数据、产业信息、市场情况等缺乏有效的共享平台。"两山合作社"在开展跨区域合作时，往往需要花费大量精力收集基础信息，增加了交易成本。虽然数字化建设有望改善这一状况，但目前的数据孤岛问题仍然突出。

二、利益分配机制不完善

跨区域协作的核心难题在于利益平衡。

生态补偿标准争议是常见障碍。例如，河流上游地区为保护水源地而限制开发，但河流下游受益地区不愿支付足额补偿。虽然浙江省已探索流域生态补偿机制，但市场化、可持续的补偿模式尚不成熟。

成本分担不合理影响了协作意愿。跨区域生态项目通常需要各方共同投入，但关于成本分担比例，各方往往难以达成一致。经济发达地区可能不愿补贴欠发达地区，即使后者承担了更多的生态保护责任。这种利益博弈导致许多有益的整体项目难以启动。

收益分配不公平也削弱了协作动力。跨区域协作产生的经济效益如何分配，缺乏公认的合理标准。资源输出地区常认为自身贡献未得到充分回报，而资本和技术输入地区则可能低估资源的价值。这种认知差异阻碍了长期稳定合作关系的建立。

三、协作平台与组织机制缺失

有效的跨区域协作需要专门的协作平台和组织机制，但目前浙江省在这方面的制度建设仍有待进一步完善。

高层级协作平台缺失是结构性短板。虽然丽水市、湖州市以及衢州市已建立市级"两山合作社"，可以在多县区联动时发挥跨区域统筹的作用，但大多数地区缺乏能够承担跨区域协作职能的组织。临时性的协调会议难以解决复杂的利益平衡问题，影响了协作的稳定性和持续性。

法律保障不足增加了协作风险。跨区域协作协议的法律效力不明确，违约救济机制不健全。参与方担心合作中途生变，自身投入无法收回，因而对深度合作持谨慎态度。

信任基础薄弱影响了协作深度。不同地区的"两山合作社"之间缺乏长期合作历史，相互之间的了解和信任不足。在缺乏有效保障机制的情况下，各方倾向于采取保守策略，难以开展需要高度互信的资源整合和联合开发。

四、跨区域项目运营的实践难题

即使达成了协作意向，跨区域项目的实际运营也面临诸多挑战。

首先，跨区域项目常涉及多个行政管辖区的管理要求，审批程序烦琐，监管标准不一。例如，一个跨越两县的生态旅游项目可能需要分别取得两地的规划许可和环境评估许可，增加了时间和成本。

其次，跨区域生态产品需要统一的品牌战略，但各地区可能希望突出自身特色。这种情况可能导致各方难以形成合力，品牌形象不够鲜明。虽然"丽水山耕"等区域公用品牌提供了成功范例，但跨行政区的品牌共建仍面临诸多协调难题。

最后，跨区域生态服务的标准和质量可能存在差异，如不同区域的旅游设施和服务水平不一。这种不一致会对用户体验产生负面影响。

总体而言，跨区域协作的障碍反映了行政区划分割与生态系统整体性之间的矛盾。解决这一问题需要从规划协调、利益分配、组织机制、运营管理等多个维度进行系统性创新，为"两山合作社"的跨区域协作创造更加有利的条件。

第七章

站在新时代的起点上：未来发展路径及展望

浙江省"两山合作社"作为践行"绿水青山就是金山银山"理念的创新实践，自试点以来已取得显著成效。本章，笔者将从战略定位、制度创新、产业融合、数字技术赋能、金融支持、区域协同以及治理效能七个维度，系统探讨"两山合作社"的未来发展路径。

第一节　战略定位升级：
从资源整合者到价值创造者

　　作为生态产品价值实现的关键机制，"两山合作社"需要实现战略定位升级，突破传统资源管理平台的局限，成为生态产品价值实现的"综合服务商"和"系统解决方案提供者"。

　　首先，功能拓展是战略定位升级的核心内容。"两山合作社"需要从单纯的资源收储和流转，向生态资产评估、产业项目孵化、市场交易服务、品牌运营管理等综合性功能延伸，通过建立覆盖生态产品生产、加工、流通、消费全环节的服务体系，提升生态资源的市场化配置效率。

其次，在价值创造模式上，"两山合作社"需要探索生态产品价值实现的多元路径。一方面，通过生态产业化提升传统资源的经济价值，发展生态农业、生态旅游、健康养生等绿色产业；另一方面，通过产业生态化挖掘生态系统的服务价值，开发碳汇、水权、排污权等环境权益交易产品。

再次，针对山区、平原、沿海等不同地域的资源禀赋和发展需求，"两山合作社"应采取分类指导策略。例如，山区县可重点发展生态农林产品和休闲旅游产业，平原地区可探索"生态＋制造"的融合发展模式，沿海地区则可开发海洋碳汇和滨海生态旅游等特色产品。差异化发展策略有助于形成各具特色的区域生态经济体系，避免同质化竞争。

最后，战略定位升级必然要求治理结构的优化。未来"两山合作社"应采取更加灵活的混合所有制形式，在保持政府主导作用的同时，引入社会资本和市场机制，增强运营活力。

第二节　制度创新深化：构建生态产品价值实现的制度保障体系

制度创新是"两山合作社"可持续发展的基础保障。未来，"两山合作社"需要重点突破生态资源产权界定、价值评估、交易机制和利益分配等关键领域的制度瓶颈，构建系统完备、科学规范、运行有效的生态产品价值实现制度保障体系。具体包括以下几点。

第一，产权制度改革是制度创新的核心内容。当前，生态资源的产权主体多元、边界模糊，严重影响了生态资源的市场化配置。未来，相关主体应加快推进自然资源的统一确权登记工作，清晰界定各类自然资源资产的产权主体，建立健全归属清晰、权责明确、保护严格、流转顺畅的现代自然资源资产产权制度。特别是对于集体所有的生态资源，相关部门需要进一步完善农村土地承包经营权、宅基地使用权、集体林权等产权制度，放活资源经营权，为"两山合作社"的资源整合扫清法律障碍。

第二，生态产品的价值核算涉及物质产品、调节服务和文化服务等多个维度，需要建立科学的核算标准和方法体系。未来，相关主体应进一步完善生态产品价值核算技术规范，开发适用于不同生态系统的核算指标和参数体系，提高核算结果的科学性和可比性。同时，推动核算结果在政策考核、生态补偿、金融信贷等领域的应用，使"绿水青山"的生态价值得到充分体现。

第三，交易市场建设是价值实现的关键环节。未来，相关主体应重点培育三类市场：一是生态资源资产交易市场，促进资源使用权的有序流转；二是生态产品交易市场，拓宽生态产品的销售渠道；三是生态权益交易市场，开发碳汇、水权、排污权等环境权益交易产品。丽水市的实践表明，市级搭建全市统一的生态产品交易平台，与县级分区域收储、运营生态资源的模式可以有效促进跨区域交易。未来，类似模式可以通过制度化的方式加以规范和推广。

第四，利益分配机制关系"两山合作社"的社会认同。未来，"两山合作社"应采取"入股分红""保底收益＋二次分红""储蓄分红"等多种分配方式，建立资源所有者、经营者、投资者和当地社区的利益共享机制。特别要保障农民在生态产品价值链中的合理收益，防止资源过度集中和利益分配失衡。

第五，制度创新是一项系统工程，需要多个方面的协同推进。未来，浙江省可以借助"共同富裕示范区"和"生态文明先行示范区"的建设契机，在法律法规、政策体系、标准规范等方面先行先试，通过系统的制度创新，为"两山合作社"的高质量发展提供坚实的制度保障。

第三节　产业融合拓展：打造"生态＋"多元化产业体系

　　产业融合是"两山合作社"实现生态产品价值转化的核心路径。在未来的发展过程中，"两山合作社"需要突破单一资源开发模式，通过生态要素与多元产业的深度融合，构建"生态＋"产业新体系，形成多业共生、多链循环的生态经济发展新格局。具体包括以下几点。

　　第一，升级生态农业是产业融合的基础。"两山合作社"应推动传统农业向绿色化、优质化、品牌化方向发展，提升生态农产品的附加值。具体而言，一方面，"两山合作社"可以通过标准化生产、品质管控和溯源体系建设，提高农产品的质量安全水平；另一方面，"两山合作社"可以通过品牌培育、包装设计和营销创新，增强市场竞争力。仙居县的实践表明，依托区域公用品牌构建全渠道营销体系，形成"供应链中心＋线上直播间＋线下实体店"的全链条运营模式，可以有效提高农产品价值。未来，"两山合作社"需要更加注重"三品一标"认证和区域公用品牌建设，推动生态农产品从"卖原料"向"卖品牌"转变，从"论斤卖"向"论个卖"转变。

第二，深化生态旅游是价值转化的重要途径。"两山合作社"可依托优美的自然风光和丰富的文化资源，发展乡村休闲、健康养生、文化体验等新型旅游业态。在产品设计上，应注重差异化、特色化，避免同质化竞争；在服务提升上，应加强基础设施配套和智慧化建设，形成"吃住行游购娱"全要素发展的格局，提升游客体验；在营销推广上，应充分利用新媒体平台和社群营销，扩大市场影响。

第三，培育生态工业是产业融合的创新方向。"两山合作社"可结合区域产业基础，发展资源节约、环境友好的绿色制造业。重点领域包括生态农林产品精深加工、生物质能源开发利用、环保装备制造等。在产业组织方式上，可探索"园区化"发展模式，建设生态产业园区，促进企业集聚和循环链接；在技术支撑上，可加强与科研院所合作，推动科技成果转化应用。

第四，健康养生产业是具有较大发展潜力的重点领域。随着人口老龄化和健康意识提升，康养产业市场需求快速增长。"两山合作社"可依托优质生态环境，发展健康养生、养老度假、康复疗养等新型业态。在产品开发上，应注重与中医药、森林康养、温泉疗养等特色资源结合；在服务模式上，可探索"健康管理＋休闲度假"的融合模式，提供全生命周期健康服务。

第五，数字创意产业为生态文化价值转化提供了新路径。"两山合作社"可挖掘地方生态文化资源，通过数字技术进行创造性转化和创新性发展。具体路径包括但不限于以下几种：一是开发基于自然生态的影视动漫、游戏娱乐产品；二是打造生态文化IP，发展文创产业；三是利用虚拟现实（VR）、增强现实（AR）等技术，创新生态体验方式。

第六，产业融合机制创新是发展的关键保障。"两山合作社"应探索建立多元主体参与的产业融合机制，重点包括但不限于以下几种：一是产业链协同机制，促进上下游企业合作；二是产学研合作机制，推动技术创新和成果转化；三是利益联结机制，保障各方合理收益。

　　第六，产业融合的深度和广度决定了生态产品价值转化的效率和水平。未来，"两山合作社"应立足区域资源禀赋和产业基础，科学规划产业融合路径，避免盲目跟风和重复建设。在具体实施中，可采取"试点先行、梯度推进"的策略，选择条件成熟的领域和区域率先突破，形成示范效应后逐步推广。同时，应建立产业融合的评估和调整机制，定期检视发展成效，及时调整发展方向和重点，确保产业融合的健康可持续发展。通过多元产业融合，"两山合作社"将真正成为生态经济体系的构建者和引领者。

第四节 数字技术赋能：构建智慧化生态运营平台

数字技术改变了生态资源的开发方式和价值实现路径。未来，"两山合作社"需要充分借助数字化手段，构建智慧化的生态产品运营平台，提升资源管理、价值评估、市场交易和风险管控的效率和精准度。具体包括以下几点。

第一，生态资源数字化是智慧化运营的基础工程。未来，"两山合作社"应综合利用遥感测绘、无人机航拍、物联网感知等技术手段，对生态资源信息进行全方位、高精度的数字化采集，构建"空天地"一体化的生态资源监测体系。重点包括但不限于以下几点：一是建设资源本底数据库，实现资源种类、数量、质量的数字化存储和表达；二是开发资源动态监测系统，实时掌握资源变化情况；三是构建资源三维可视化平台，提升资源管理的直观性和交互性。

第二，价值评估智能化是数字技术赋能的核心应用。传统生态产品价值评估面临数据不全、方法不一、主观性强等问题，数字技术可有效提升评估的科学性和效率。特别是对于调节服务类和文化服务类生态产品，数字技术能够提供更加客观的价值量化手段，解决"难度量、难抵押、难交易"的问题。因此，未来，"两山合作社"可以在以下几个方面重点发力：一是构建生态产品价值评估方法库，集成多种核算方法和模型；二是开发智能化评估工具，实现一键式核算和可视化展示；三是建立评估结果验证机制，通过实际交易数据不断校准评估模型。

第三，交易平台电子化是市场高效运行的关键支撑。未来，尚未建立生态产品电子交易平台的"两山合作社"应构建集信息发布、产品展示、在线交易、支付结算、合同管理等功能于一体的生态产品电子交易平台，实现"线上对接＋线下交割"的融合模式。在平台建设过程中，

"两山合作社"应注重以下几点：一是互联互通，与全国性环境权益交易平台、农产品电商平台等对接，扩大市场覆盖面；二是功能多元，支持竞价交易、协议转让、招标采购等多种交易方式；三是安全可靠，利用区块链等技术确保交易的真实性和不可篡改性。

第四，运营管理智慧化是提升效率的重要手段。"两山合作社"可通过数字化手段重构业务流程，实现项目策划、资源收储、开发运营、风险管控的全流程智能化管理。重点应用包括以下几种：一是项目智能匹配系统，基于资源禀赋和市场需求推荐最优开发方向；二是风险预警系统，实时监控生态风险和经营风险；三是决策支持系统，通过数据分析和模拟预测为管理决策提供参考。全流程的数字化管理将显著提升"两山合作社"的运营效能。

第五，数字技术可以有效降低生态产品价值实现的参与门槛，让更多中小农户受益。在未来，"两山合作社"可以采取以下几种具体措施：一是开发移动端应用，为参与者提供便捷的资源登记、价值查询、交易申请等服务；二是建立数字化培训体系，通过在线课程、远程指导等方式提升参与者的能力；三是构建社群互动平台，促进经验分享和合作对接。

第六，数字生态体系建设是长远发展的基础保障。"两山合作社"的数字化转型不是单一技术的应用，而是需要构建完整的数字生态系统。关键要素包括但不限于以下几种：一是数字基础设施，如 5G 网络、物联网设备、云计算平台等；二是数据标准体系，确保不同系统间的数据互通；三是安全保障机制，防范数据泄露和网络攻击；四是人才支撑体系，培养既懂生态经济又懂数字技术的复合型人才。

第七，数字技术赋能不是目的而是手段，最终目标是通过技术应用提升生态产品价值实现的效率和公平性。因此，未来，"两山合作社"在推进数字化转型时，应坚持"需求导向、问题导向、效果导向"，避免为技术而技术的倾向。在实施路径上，可采取"总体规划、分步实施"的策略，优先解决影响发展的关键技术瓶颈，再逐步扩大应用范围。同时，应注重数字包容性，防止因数字鸿沟产生新的参与不平等问题，确保各类主体都能分享数字化带来的红利。通过系统性的数字技术赋能，"两山合作社"将构建起面向未来的智慧化运营体系，为生态产品价值实现提供强大技术支撑。

第五节　金融支持强化：创新绿色金融产品与服务

金融既是现代经济的核心，也是生态产品价值实现的关键支撑。未来，"两山合作社"需要构建多层次、多元化的绿色金融支持体系，突破生态资源资产化、资本化过程中的融资瓶颈，为"绿水青山"向"金山银山"转化提供持续动力。具体包括以下几个方面。

第一，可以尝试将农村承包土地经营权、林权、集体经营性建设用地使用权、农民住房财产权等生态资源产权纳入金融抵押品范畴，开发相应的信贷产品。关键举措包括但不限于以下几点：一是完善产权登记制度，为抵押融资提供法律保障；二是建立价值评估体系，为贷款定价提供依据；三是健全流转交易市场，为抵押物处置提供通道。

第二，可以基于生态产业项目的预期收益，设计项目融资、资产证券化等结构化金融工具。重点方向包括但不限于以下几点：一是生态旅游项目融资，以景区未来门票收入作为还款来源；二是生态农业项目融资，以农产品销售收入作为担保；三是生态环境治理项目融资，以政府购买服务资金或生态补偿资金作为保障。

第三，环境权益融资是极具潜力的创新方向。随着碳达峰碳中和战略的深入推进，碳汇、水权、排污权等环境权益交易产品的经济价值日益凸显。在此背景下，"两山合作社"可探索开发基于环境权益交易产品的金融产品，如碳汇预期收益权质押贷款、水权质押融资等。未来，随着全国碳市场建设日趋完善和环境权益交易产品日益丰富，这类融资方式将有更大发展空间。

第四，供应链金融可促进生态产品价值链整合。"两山合作社"可依托生态农产品供应链，开发订单融资、存货质押、应收账款融资等产品，解决上下游中小企业和农户的融资难题。具体而言，"两山合作社"可以采取以下几项措施：一是建立供应链信息平台，实现物流、资金流、信息流的整合；二是引入核心企业担保或保险机制，降低融资风险；三是发展区块链等技术，提高交易真实性和透明度。

第五，绿色债券是中长期资金的重要来源。因此，"两山合作社"可发行绿色债券，募集资金用于生态保护修复、生态产业发展等绿色项目。具体而言，"两山合作社"可以采取以下几项措施：一是完善绿色债券认证和披露标准，提高市场认可度；二是培育专业投资者群体，扩大市场需求；三是创新债券品种，如项目收益债券、可转换债券等，以满足不同风险偏好。

第六，加强自身的金融专业能力建设，包括但不限于以下几个方面：一是财务规划能力，科学安排资本结构和融资计划；二是项目包装能力，提高项目可融资性；三是资金管理能力，确保资金使用效率和安全性。此外，"两山合作社"还应注重培养和引进金融专业人才，提高与金融机构的对接水平。

第六节　区域协同推进：
构建多层次合作网络

　　生态产品价值实现具有显著的空间外部性和区域联动性，单一地区的孤立行动往往难以实现价值最大化。未来，"两山合作社"需要打破行政区划限制，构建多层次、网络化的区域协同机制，促进生态资源的优化配置和整体价值的提升。具体包括以下几个方面。

　　第一，同一地市范围内的各县（市、区）"两山合作社"可建立常态化协作机制，在资源收储、项目开发、品牌建设等方面形成合力。重点包括但不限于以下几点：

一是统一技术标准，实现生态资源的同质化评估；二是共建共享基础设施，降低开发成本；三是联合营销推广，扩大区域影响力。

第二，同一流域范围内的"两山合作社"可围绕水资源保护和水生态修复，建立上下游协同机制。具体措施包括但不限于以下几点：一是流域生态补偿，即下游地区向上游保护地区提供经济补偿；二是联合环境治理，即共同投资流域污染控制和生态修复项目；三是产业协同布局，即根据流域环境承载力优化产业空间分布。

第三，协同治理机制是区域合作顺利运行的制度保障。未来，"两山合作社"应重点构建三个机制：一是利益共享机制，通过股权合作、收益分成等方式平衡各方利益；二是风险共担机制，建立联合基金应对合作风险；三是争端解决机制，设立第三方调解机构处理合作纠纷。

第四，协同平台建设是合作开展的基础。未来，"两山合作社"需要重点打造三类平台：一是信息共享平台，实现生态资源数据的互联互通；二是交易对接平台，促进跨区域生态产品交易；三是技术服务平台，提供专业化的评估、咨询等服务。

第五，区域协同发展不是简单的资源叠加，而是要通过系统整合产生"1+1>2"的协同效应。因此，未来，"两山合作社"在推进区域协同过程中，应坚持"差异化定位、一体化发展"的原则，既保持各地特色，又形成整体优势。在实施策略上，可采取"先易后难、循序渐进"的方式，从技术标准统一、信息平台共建等基础性工作入手，逐步向项目合作、品牌共建等深层次协同推进。同时，应注重发挥省级层面的统筹协调作用，通过规划引导、政策支持、考核激励等手段，推动区域协同走向深入。通过多层次、网络化的区域协同，"两山合作社"将构建起生态产品价值实现的"大合唱"格局，实现生态效益和经济效益的最大化。

第七节　治理效能提升：
完善组织体系与人才支撑

　　高效的组织体系和专业化的人才队伍是"两山合作社"可持续发展的根本保障。未来，"两山合作社"需要从治理结构、管理机制、人才队伍、文化建设等多维度入手，全面提升治理效能，成为生态产品价值实现的中坚力量。

　　第一，组织架构优化是治理效能提升的基础。未来，"两山合作社"应根据业务发展需要，构建科学合理的组织架构。在这方面，安吉县"两山合作社"的实践提供了有益参考：安吉县"两山合作社"下设 13 个乡镇"两山合作社"，同时设置多个项目子公司；县级"两山合作社"统筹项目规划，乡镇级"两山合作社"对属地资源进行自主开发，项目子公司则对需要统筹或自营的项目进行统一开发，比如安吉两山泰仑新能源有限公司主要开发全县屋顶光伏项目、安吉两山绿川生态农业发展有限公司主要统筹与开发节水抗旱稻项目。这种灵活的组织架构值得借鉴推广。

第二，治理结构完善是现代企业制度的核心。"两山合作社"应按照"产权清晰、权责明确、政企分开、管理科学"的原则，建立规范的法人治理结构。具体而言，包括但不限于以下几点：一是构建多元化的股权结构，在保持政府主导的同时引入社会资本；二是形成科学的决策机制；三是建立有效的监督体系，防范经营风险。

第三，管理机制创新是治理效能提升的关键。"两山合作社"应建立适应生态产品价值实现特点的管理机制。重点包括以下几个方面：一是项目管理机制，实现从项目筛选到项目后评价的全周期管理；二是绩效评价机制，建立生态效益和经济效益并重的考核体系；三是激励机制，将个人贡献与收入分配挂钩。

第四，人才队伍建设是治理效能提升的根本。"两山合作社"需要培养和引进四类人才：一是生态技术人才，负责资源调查和生态评估；二是产业运营人才，负责项目开发和市场开拓；三是金融财务人才，负责资金管理和融资创新；四是数字技术人才，负责信息化建设和数据分析。此外，未来，"两山合作社"还可以通过"内培外引"的方式解决人才短缺问题，特别是培养既懂生态保护又懂经济管理的复合型人才。

第五，文化建设是组织软实力的体现。"两山合作社"应培育具有自身特色的组织文化，核心要素包括：使命驱动，强化"绿水青山就是金山银山"的价值追求；创新包容，鼓励探索和包容失败；协同共享，倡导多方合作和利益共享。

第六，构建学习型组织是持续发展的保障。"两山合作社"应建立知识管理和经验分享机制，促进组织持续学习进化。具体措施包括：建立案例库，总结提炼成功经验和失败教训；举办研讨会，促进内部知识交流；构建学习网络，与其他地区和机构分享经验。

第七，对外合作是治理效能提升的有效途径。"两山合作社"可与以下三类机构建立战略合作关系：一是高校科研院所，开展联合研究和人才培养；二是专业服务机构，提升市场化运营能力；三是国际组织，学习先进经验和技术。

第八，治理效能的提升是一个系统工程，需要长期投入和持续改进。未来，"两山合作社"可借鉴现代企业管理的先进理念和方法，结合生态产品价值实现的特殊要求，构建具有自身特色的治理体系。在实施路径上，可采取"试点示范、标杆引领"的策略，选择条件成熟的地区先行探索，树立治理典范，再逐步推广成功经验。同时，应注重治理体系的动态优化，根据内外部环境变化及时调整和完善，保持组织的适应性和创新性。通过系统性的治理效能提升，"两山合作社"将构建起科学规范、运行高效的组织体系，为生态产品价值实现提供坚实的组织保障。

展望未来，随着政策支持力度的加大与实践经验的不断积累，"两山合作社"有望在更广泛的区域推广复制，成为推动我国乡村振兴、实现生态富农的重要力量，真正将"绿水青山"转化为"金山银山"，为中国式现代化的生态篇章书写浓墨重彩的一笔。

附录一 《关于建立健全生态产品价值实现机制的意见》

建立健全生态产品价值实现机制，是贯彻落实习近平生态文明思想的重要举措，是践行绿水青山就是金山银山理念的关键路径，是从源头上推动生态环境领域国家治理体系和治理能力现代化的必然要求，对推动经济社会发展全面绿色转型具有重要意义。为加快推动建立健全生态产品价值实现机制，走出一条生态优先、绿色发展的新路子，现提出如下意见。

一、总体要求

（一）指导思想。以习近平新时代中国特色社会主义思想为指导，全面贯彻党的十九大和十九届二中、三中、

四中、五中全会精神，深入贯彻习近平生态文明思想，按
照党中央、国务院决策部署，统筹推进"五位一体"总体
布局，协调推进"四个全面"战略布局，立足新发展阶段、
贯彻新发展理念、构建新发展格局，坚持绿水青山就是金
山银山理念，坚持保护生态环境就是保护生产力、改善
生态环境就是发展生产力，以体制机制改革创新为核心，
推进生态产业化和产业生态化，加快完善政府主导、企业
和社会各界参与、市场化运作、可持续的生态产品价值实
现路径，着力构建绿水青山转化为金山银山的政策制度体
系，推动形成具有中国特色的生态文明建设新模式。

（二）工作原则

——保护优先、合理利用。尊重自然、顺应自然、
保护自然，守住自然生态安全边界，彻底摒弃以牺牲生
态环境换取一时一地经济增长的做法，坚持以保障自然
生态系统休养生息为基础，增值自然资本，厚植生态产
品价值。

——政府主导、市场运作。充分考虑不同生态产品
价值实现路径，注重发挥政府在制度设计、经济补偿、
绩效考核和营造社会氛围等方面的主导作用，充分发挥
市场在资源配置中的决定性作用，推动生态产品价值有
效转化。

——系统谋划、稳步推进。坚持系统观念，搞好顶层设计，先建立机制，再试点推开，根据各种生态产品价值实现的难易程度，分类施策、因地制宜、循序渐进推进各项工作。

——支持创新、鼓励探索。开展政策制度创新试验，允许试错、及时纠错、宽容失败，保护改革积极性，破解现行制度框架体系下深层次瓶颈制约，及时总结推广典型案例和经验做法，以点带面形成示范效应，保障改革试验取得实效。

（三）战略取向

——培育经济高质量发展新动力。积极提供更多优质生态产品满足人民日益增长的优美生态环境需要，深化生态产品供给侧结构性改革，不断丰富生态产品价值实现路径，培育绿色转型发展的新业态新模式，让良好生态环境成为经济社会持续健康发展的有力支撑。

——塑造城乡区域协调发展新格局。精准对接、更好满足人民差异化的美好生活需要，带动广大农村地区发挥生态优势就地就近致富、形成良性发展机制，让提供生态产品的地区和提供农产品、工业产品、服务产品的地区同步基本实现现代化，人民群众享有基本相当的生活水平。

　　——引领保护修复生态环境新风尚。建立生态环境保护者受益、使用者付费、破坏者赔偿的利益导向机制，让各方面真正认识到绿水青山就是金山银山，倒逼、引导形成以绿色为底色的经济发展方式和经济结构，激励各地提升生态产品供给能力和水平，营造各方共同参与生态环境保护修复的良好氛围，提升保护修复生态环境的思想自觉和行动自觉。

　　——打造人与自然和谐共生新方案。通过体制机制改革创新，率先走出一条生态环境保护和经济发展相互促进、相得益彰的中国道路，更好彰显我国作为全球生态文明建设重要参与者、贡献者、引领者的大国责任担当，为构建人类命运共同体、解决全球性环境问题提供中国智慧和中国方案。

　　（四）主要目标。到 2025 年，生态产品价值实现的制度框架初步形成，比较科学的生态产品价值核算体系初步建立，生态保护补偿和生态环境损害赔偿政策制度逐步完善，生态产品价值实现的政府考核评估机制初步形成，生态产品"难度量、难抵押、难交易、难变现"等问题得到有效解决，保护生态环境的利益导向机制基本形成，生态优势转化为经济优势的能力明显增强。到 2035 年，完善的生态产品价值实现机制全面建立，具有中国特色的生态文明建设新模式全面形成，广泛形成绿色生产生活方式，为基本实现美丽中国建设目标提供有力支撑。

二、建立生态产品调查监测机制

（五）推进自然资源确权登记。健全自然资源确权登记制度规范，有序推进统一确权登记，清晰界定自然资源资产产权主体，划清所有权和使用权边界。丰富自然资源资产使用权类型，合理界定出让、转让、出租、抵押、入股等权责归属，依托自然资源统一确权登记明确生态产品权责归属。

（六）开展生态产品信息普查。基于现有自然资源和生态环境调查监测体系，利用网格化监测手段，开展生态产品基础信息调查，摸清各类生态产品数量、质量等底数，形成生态产品目录清单。建立生态产品动态监测制度，及时跟踪掌握生态产品数量分布、质量等级、功能特点、权益归属、保护和开发利用情况等信息，建立开放共享的生态产品信息云平台。

三、建立生态产品价值评价机制

（七）建立生态产品价值评价体系。针对生态产品价值实现的不同路径，探索构建行政区域单元生态产品总值和特定地域单元生态产品价值评价体系。考虑不同类型生态系统功能属性，体现生态产品数量和质量，建立覆盖各级行政区域的生态产品总值统计制度。探索将生态产品价值核算基础数据纳入国民经济核算体系。考虑不同类型生态产品商品属性，建立反映生态产品保护和开发成本的价值核算方法，探索建立体现市场供需关系的生态产品价格形成机制。

（八）制定生态产品价值核算规范。鼓励地方先行开展以生态产品实物量为重点的生态价值核算，再通过市场交易、经济补偿等手段，探索不同类型生态产品经济价值核算，逐步修正完善核算办法。在总结各地价值核算实践基础上，探索制定生态产品价值核算规范，明确生态产品价值核算指标体系、具体算法、数据来源和统计口径等，推进生态产品价值核算标准化。

（九）推动生态产品价值核算结果应用。推进生态产品价值核算结果在政府决策和绩效考核评价中的应用。探索在编制各类规划和实施工程项目建设时，结合生态产品实物量和价值核算结果采取必要的补偿措施，确保生态产品保值增值。推动生态产品价值核算结果在生态保护补偿、生态环境损害赔偿、经营开发融资、生态资源权益交易等方面的应用。建立生态产品价值核算结果发布制度，适时评估各地生态保护成效和生态产品价值。

四、健全生态产品经营开发机制

（十）推进生态产品供需精准对接。推动生态产品交易中心建设，定期举办生态产品推介博览会，组织开展生态产品线上云交易、云招商，推进生态产品供给方与需求方、资源方与投资方高效对接。通过新闻媒体和互联网等渠道，加大生态产品宣传推介力度，提升生态产品的社会关注度，扩大经营开发收益和市场份额。加强和规范平台管理，发挥电商平台资源、渠道优势，推进更多优质生态产品以便捷的渠道和方式开展交易。

（十一）拓展生态产品价值实现模式。在严格保护生态环境前提下，鼓励采取多样化模式和路径，科学合理推动生态产品价值实现。依托不同地区独特的自然禀赋，采取人放天养、自繁自养等原生态种养模式，提高生态产品价值。科学运用先进技术实施精深加工，拓展延伸生态产品产业链和价值链。依托洁净水源、清洁空气、适宜气候等自然本底条件，适度发展数字经济、洁净医药、电子元器件等环境敏感型产业，推动生态优势转化为产业优势。依托优美自然风光、历史文化遗存，引进专业设计、运营团队，在最大限度减少人为扰动前提下，打造旅游与康养休闲融合发展的生态旅游开发模式。加快培育生态产品市场经营开发主体，鼓励盘活废弃矿山、工业遗址、古旧村落等存量资源，推进相关资源权益集中流转经营，通过统筹实施生态环境系统整治和配套设施建设，提升教育文化旅游开发价值。

（十二）促进生态产品价值增值。鼓励打造特色鲜明的生态产品区域公用品牌，将各类生态产品纳入品牌范围，加强品牌培育和保护，提升生态产品溢价。建立和规范生态产品认证评价标准，构建具有中国特色的生态产品认证体系。推动生态产品认证国际互认。建立生态产品质量追溯机制，健全生态产品交易流通全过程监督体系，推进区块链等新技术应用，实现生态产品信息可查询、质量可追溯、责任可追查。鼓励将生态环境保护修复与生态产品经营开发权益挂钩，对开展荒山荒地、黑臭水体、石漠化等综合整治的社会主体，在保障生态效益和依法依规前提下，允许利用一定比例的土地发展生态农业、生态旅游获取收益。鼓励实行农民入股分红模式，保障参与生态产品经营开发的村民利益。对开展生态产品价值实现机制探索的地区，鼓励采取多种措施，加大对必要的交通、能源等基础设施和基本公共服务设施建设的支持力度。

（十三）推动生态资源权益交易。鼓励通过政府管控或设定限额，探索绿化增量责任指标交易、清水增量责任指标交易等方式，合法合规开展森林覆盖率等资源权益指标交易。健全碳排放权交易机制，探索碳汇权益交易试点。健全排污权有偿使用制度，拓展排污权交易的污染物交易种类和交易地区。探索建立用能权交易机制。探索在长江、黄河等重点流域创新完善水权交易机制。

五、健全生态产品保护补偿机制

（十四）完善纵向生态保护补偿制度。中央和省级财政参照生态产品价值核算结果、生态保护红线面积等因素，完善重点生态功能区转移支付资金分配机制。鼓励地方政府在依法依规前提下统筹生态领域转移支付资金，通过设立市场化产业发展基金等方式，支持基于生态环境系统性保护修复的生态产品价值实现工程建设。探索通过发行企业生态债券和社会捐助等方式，拓宽生态保护补偿资金渠道。通过设立符合实际需要的生态公益岗位等方式，对主要提供生态产品地区的居民实施生态补偿。

（十五）建立横向生态保护补偿机制。鼓励生态产品供给地和受益地按照自愿协商原则，综合考虑生态产品价值核算结果、生态产品实物量及质量等因素，开展横向生态保护补偿。支持在符合条件的重点流域依据出入境断面水量和水质监测结果等开展横向生态保护补偿。探索异地开发补偿模式，在生态产品供给地和受益地之间相互建立合作园区，健全利益分配和风险分担机制。

（十六）健全生态环境损害赔偿制度。推进生态环境损害成本内部化，加强生态环境修复与损害赔偿的执行和监督，完善生态环境损害行政执法与司法衔接机制，提高破坏生态环境违法成本。完善污水、垃圾处理收费机制，合理制定和调整收费标准。开展生态环境损害评估，健全生态环境损害鉴定评估方法和实施机制。

六、健全生态产品价值实现保障机制

（十七）建立生态产品价值考核机制。探索将生态产品总值指标纳入各省（自治区、直辖市）党委和政府高质量发展综合绩效评价。推动落实在以提供生态产品为主的重点生态功能区取消经济发展类指标考核，重点考核生态产品供给能力、环境质量提升、生态保护成效等方面指标；适时对其他主体功能区实行经济发展和生态产品价值"双考核"。推动将生态产品价值核算结果作为领导干部自然资源资产离任审计的重要参考。对任期内造成生态产品总值严重下降的，依规依纪依法追究有关党政领导干部责任。

（十八）建立生态环境保护利益导向机制。探索构建覆盖企业、社会组织和个人的生态积分体系，依据生态环境保护贡献赋予相应积分，并根据积分情况提供生态产品优惠服务和金融服务。引导各地建立多元化资金投入机制，鼓励社会组织建立生态公益基金，合力推进生态产品价值实现。严格执行《中华人民共和国环境保护税法》，推进资源税改革。在符合相关法律法规基础上探索规范用地供给，服务于生态产品可持续经营开发。

（十九）加大绿色金融支持力度。鼓励企业和个人依法依规开展水权和林权等使用权抵押、产品订单抵押等绿色信贷业务，探索"生态资产权益抵押＋项目贷"模式，支持区域内生态环境提升及绿色产业发展。在具备条件的地区探索古屋贷等金融产品创新，以收储、托管等形式进行资本融资，用于周边生态环境系统整治、古屋拯救改造及乡村休闲旅游开发等。鼓励银行机构按照市场化、法治化原则，创新金融产品和服务，加大对生态产品经营开发主体中长期贷款支持力度，合理降低融资成本，提升金融服务质效。鼓励政府性融资担保机构为符合条件的生态产品经营开发主体提供融资担保服务。探索生态产品资产证券化路径和模式。

七、建立生态产品价值实现推进机制

（二十）加强组织领导。按照中央统筹、省负总责、市县抓落实的总体要求，建立健全统筹协调机制，加大生态产品价值实现工作推进力度。国家发展改革委加强统筹协调，各有关部门和单位按职责分工，制定完善相关配套政策制度，形成协同推进生态产品价值实现的整体合力。地方各级党委和政府要充分认识建立健全生态产品价值实现机制的重要意义，采取有力措施，确保各项政策制度精准落实。

（二十一）推进试点示范。国家层面统筹抓好试点示范工作，选择跨流域、跨行政区域和省域范围内具备条件的地区，深入开展生态产品价值实现机制试点，重点在生态产品价值核算、供需精准对接、可持续经营开发、保护补偿、评估考核等方面开展实践探索。鼓励各省（自治区、直辖市）积极先行先试，并及时总结成功经验，加强宣传推广。选择试点成效显著的地区，打造一批生态产品价值实现机制示范基地。

（二十二）强化智力支撑。依托高等学校和科研机构，加强对生态产品价值实现机制改革创新的研究，强化相关专业建设和人才培养，培育跨领域跨学科的高端智库。组织召开国际研讨会、经验交流论坛，开展生态产品价值实现国际合作。

（二十三）推动督促落实。将生态产品价值实现工作推进情况作为评价党政领导班子和有关领导干部的重要参考。系统梳理生态产品价值实现相关现行法律法规和部门规章，适时进行立改废释。国家发展改革委会同有关方面定期对本意见落实情况进行评估，重大问题及时向党中央、国务院报告。

附录二 《关于两山合作社建设运营的指导意见》

两山合作社平台是以生态产品价值实现为根本目标,聚焦生态资源变生态资产、生态资产变生态资本,按照"分散化输入、集中式输出"的经营理念,打造政府主导、社会参与、市场化运作的生态产品经营管理平台。为指导全省各地做好两山合作社建设运营工作,特制定本意见。

一、总体要求

(一)指导思想

坚持以习近平新时代中国特色社会主义思想为指导,全面贯彻党的二十大和省第十五次党代会精神,牢固树立和践行绿水青山就是金山银山的理念,聚焦破解生态产品价值实现关键制约，探索政府主导、企业和社会各界参与、市场化运作、可持续的生态产品价值实现路径，助力推进人与自然和谐共生的现代化，形成具有浙江特色的生态文明建设新模式，为全省在高质量发展中奋力推进中国特色社会主义共同富裕先行和省域现代化先行提供有力支撑。

（二）基本原则

保护优先，合理开发。坚持尊重自然、顺应自然、保护自然，坚守生态环境不破坏、生态价值不降低的底线，以合理开发、生态惠民为出发点和落脚点，厚植生态产品价值，推进生态产业化，健全生态资源富集地区居民财富积累机制，推动生态强村富民。

政府引导，市场运作。坚持有为政府和有效市场协同发力，注重发挥政府在生态保护制度设计、经济补偿、绩效评价等方面的主导作用，充分发挥市场在生态资源资产配置中的决定性作用，推动生态产品价值高效转化。

改革创新，数字赋能。聚焦生态产品价值实现中的难点、堵点、痛点，改革创新产权、金融等体制机制，同步利用遥感信息、物联网、区块链、大数据等技术，赋能生态资源资产和生态产品摸底清查、智能利用、溢价开发。

（三）主要目标

到 2025 年，两山合作社建设机制基本健全，运营模式基本成熟，推动生态产品价值实现的体制机制和政策框架基本建立，形成一批可复制可推广的成功经验。

到 2035 年，两山合作社建设运营机制更加完善，生态产品价值实现机制全面建立，绿水青山转化为金山银山的政策制度体系更加健全，两山合作社在提供优质生态产品、推动生态富民、服务乡村治理等方面发挥重要作用。

二、加强两山合作社建设运营管理

（一）明确运营主体。县级两山合作社由县级人民政府授权的国有企业依法牵头成立，也可利用现有国资企业承接两山合作社职能，适时探索引入社会资本形成混合所有制、股份合作制企业。条件成熟的地区，可先行探索整合本区域内国有企业生态资源资产经营开发业务，由两山合作社统一经营。根据实际需要，在明确职能与分工的前提下，可成立市级和乡镇级两山合作社，构建市、县、乡三级两山合作社合作运营体系。

（二）明确经营职能。两山合作社是积极参与乡村振兴和社会治理的多元主体之一。职能包括：依法开展所在区域山水林田湖草海等生态资源资产信息采集和价值评估；独立或与相关专业机构合作开展生态资源资产开发利用项目谋划和策划；结合项目谋划成果，开展相关资源流转收储，并对收储资源进行系统开发、整合提升；开展生态资源资产交易；独立经营或开展项目推介和招商，引入产业资本合作开展资源开发；独立或与相关专业机构合作开展区域生态产品品牌培育、运营及推广；提供资源评估、信息交易等咨询服务，开展项目开发全过程风险控制。

（三）明确业务范围。两山合作社业务范围主要涵盖生态资源资产和生态产品，具体包括：需要集中保护开发的山水林田湖草海等生态资源资产，与这些生态资源资产共生且适合集中经营开发的农村闲置宅基地、农房、古村古宅、集体资产、河湖岸线、渔港、堤坝、废弃矿山等碎片化资源资产，以及由《生态产品总值核算规范（试行）》（发改基础〔2022〕481号）明确的物质产品、调节服务和文化服务三类生态产品。涉及不可移动文物的，应按照《中华人民共和国文物保护法》等相关法律法规办理。鼓励因地制宜发展生态农业、生态旅游业，推动碳汇、水权等生态权益交易，合法合规开展森林覆盖率、GEP等指标交易，探索开展全域土地综合整治、生态环境导向的开发（EOD）等市场化生态保护补偿。

（四）创新运营模式。两山合作社可采取直接投资、引入社会资本、与社会资本合作等多种方式开展生态资源资产经营，实现生态资源资产市场化运营和产业化开发。创新生态资源资产经营开发"项目公司"合作模式，探索形成"企业＋集体＋合作社＋村民"等多方参与、共建共享的运营格局。完善收益分配长效机制，推广"入股分红""保底收益＋二次分红""储蓄分红"等模式。通过优先聘用当地农民、提供技能培训和就业岗位等方式，探索优质资源与公共服务打包交易机制，与村集体、农户建立长效利益联结机制。

（五）加强风险防控。在强化生态环境保护的前提下，合理挖掘绿水青山蕴含的经济价值。加强两山合作社项目风险防范，设置风险红线和退出机制，严防以抢占优质资源、骗取政策补助为目的的开发主体进入。适度控制公司流动性和资产负债水平，严格控制为参股企业提供借款，不鼓励单独开展融资担保背书等业务，不得以开展业务为由新增地方政府隐性债务。

（六）强化数字赋能。充分利用两山云交易平台，提升两山合作社全过程信息管理能力，实现生态资源资产流转、整合、开发、经营、管理等全周期跟踪。深入挖掘农户、新型农业经营主体、村集体经济组织、企业、乡镇等多方主体需求，建设生态产品供需精准对接市场，实现生态资源资产"线上对接＋线下交易"。依托两山云交易平台，集中营销地方优质生态产品，引导社会各界以合约订单、直接购买、租赁等多种方式参与，促进生态富民惠民。推进两山云交易平台与"浙里担＋农e富"平台对接，加强数据联动，提供信用评价。

三、完善两山合作社配套制度

（一）深化生态资源产权改革。加快推进自然资源统一确权登记，清晰界定各类自然资源资产的产权主体，健全有利于生态产品价值实现的自然资源资产产权体系。〔省自然资源厅牵头，以下各项工作需市、县（市、区）落实〕健全农村土地承包经营权确权登记颁证制度，进一步放活农村土地经营权。依托新一轮农村宅基地制度改革试点，创新探索宅基地"三权分置"的有效实现形式，适度放活宅基地使用权。深化农村集体产权制度改革，完善基于集体资产所有权登记制度的收益分配机制，探索收益权分配份额流转、质押等权能实现形式。（省农业农村厅、省自然资源厅）支持安吉、淳安、开化、青田、

龙泉等地开展试点，探索拓展生态资源用益物权有效途径。（省发展改革委、省自然资源厅、省林业局）

（二）建立健全生态产品基础信息普查和动态监测制度。依托自然资源调查监测成果和生态环境调查监测体系，以县域为基本调查单元，探索开展地区生态产品基础信息调查，摸清生态产品本底，编制多层级生态产品目录清单。常态化开展生态产品信息动态监测，及时跟踪掌握优质生态产品数量分布、质量等级、功能特点、权益归属、保护和开发利用情况等信息，在落实相关保密要求的基础上，全面支撑两山合作社资源收储和开发利用。（省发展改革委、省自然资源厅、省生态环境厅、省农业农村厅、省林业局、省水利厅、省统计局、省文化旅游厅）

（三）完善生态产品价值评估应用制度。探索制定特定地域单元生态产品价值核算规范。加强生态产品价值核算应用，研究完善反映生态价值、体现市场供需关系的生态资源资产价格形成机制，鼓励地方探索将生态产品价值核算相关结果纳入生态资源资产转让、融资等价值评估中，鼓励生态增值收益向村集体、农户倾斜。构建项目开发生态产品价值占补平衡机制，确保区域生态产品总值不下降。（省发展改革委、省地方金融监管局）

（四）建立两山合作社重点项目清单。借助两山云交易平台建立全省两山合作社重点项目清单，制定重点项目管理办法，明确重点项目评定标准、准入和退出等动态调整机制。（省发展改革委）建立健全重点项目运营管理机制，加强项目宣传推介和招商对接，鼓励金融机构加大对项目建设的金融支持力度。（省发展改革委、省商务厅、省地方金融监管局、人行杭州中心支行、浙江银保监局）

（五）加强绿色金融赋能。丰富绿色金融工具，创新探索绿色债券、绿色信贷、绿色保险、绿色基金等金融产品，因地制宜推广民宿保险、生态资源储蓄贷、两山信用贷、林业碳汇贷等绿色金融创新典型经验。（人行杭州中心支行、省地方金融监管局、浙江银保监局、浙江证监局、省发展改革委）发挥财金协同作用，以政策性农业担保为重要工具，建立由各级政府性融资担保公司、农担公司、两山合作社、商业银行等多方协同的风险共担机制。（省财政厅、浙江银保监局）

四、保障措施

（一）加强部门协同。省发展改革委统筹推进全省"两山合作社"改革工作，建立工作协调机制，加强制度设计，协调解决改革出现的困难问题。省级有关单位按照职责分工抓好牵头任务落实，加强对两山合作社建设运营的指导支持。组建专家委员会，引进高水平专业咨询机构，为生态资产资本化和产业化提供技术支撑。

（二）落实主体责任。市县人民政府是两山合作社建设运营责任主体，要协调相关部门和金融机构创新体制机制，加强对两山合作社政策支持。各地两山合作社要深化改革试点，大胆创新实践，努力探索符合市场规律、适合本地实际的生态富民路径。

（三）加强运营监管。各地国资等部门要加强对两山合作社建设运营情况的监督管理，完善监管制度，优化考核评价，强化"三重一大"事项决策机制执行情况监督，加强廉政风险防控，切实提高监督效能。各地发展改革部门要严格按照项目建设基本程序对两山合作社项目进行管理。

（四）健全激励评价。综合考量生态资源盘活、生态产业带动、绿色金融撬动、群众增收致富等因素，研究制定两山合作社建设绩效评价办法，对全省两山合作社开展综合评价，择优进行财政奖补激励。

（五）强化宣传引导。借鉴"一地创新、全省共享"机制，总结推广各地两山合作社经验做法，积极宣传带动农民增收致富典型案例，通过召开现场推进会、开展项目招商推介和银企对接等形式，形成以点带面、比学赶超、示范引领的工作氛围。

本意见自 2023 年 7 月 1 日起施行。